AF285612

Widmung

**Für meine Töchter
Kayla und Feyza**

Wenn die Welt sich verändert,
haltet euch fest an dem, was bleibt:
eure Intuition, eure Liebe, eure Menschlichkeit.
Ihr seid das Beste, was ich je erschaffen durfte.

Euer Papa

Impressum

Autor:
Mert Gürbüz

Verantwortlich für den Inhalt nach § 55 Abs. 2 RStV:
Mert Gürbüz
c/o BoD – Books on Demand
In de Tarpen 42
22848 Norderstedt
Deutschland

E-Mail:
antwort.gm@gmail.com

Titel:
Mensch 4.0 – Zwischen Algorithmus und Seele

Auflage:
1. Auflage, 2025

Verlag:
BoD · Books on Demand GmbH, Überseering 33, 22297 Hamburg, bod@bod.de

Druck:
Libri Plureos GmbH, Friedensallee 273, 22763 Hamburg
ISBN:
978-3-8192-4547-3

Mensch 4.0
Zwischen Algorithmus
und Seele

Ein Buch von Mert Gürbüz

„Was uns unersetzlich macht, beginnt genau dort, wo Algorithmen keine Sprache mehr finden: **im Fühlen...**"

Mert Gürbüz

Inhaltsverzeichnis

Inhaltsverzeichnis

Vorwort

Wir leben in einer Zeit, in der der Mensch sich neu begreifen muss. Nicht, weil er es möchte – sondern weil die Welt ihn dazu drängt.
Künstliche Intelligenz ist keine ferne Vision mehr. Sie ist Teil unseres Alltags. Sie analysiert unsere Gefühle, begleitet unsere Kinder, bewertet unsere Entscheidungen. Und sie verändert etwas Grundsätzliches: *Was es bedeutet, Mensch zu sein.*

Dieses Buch ist kein Science-Fiction-Roman. Und auch kein Sachbuch mit erhobenem Zeigefinger. Es ist ein ehrlicher Versuch, das Unfassbare greifbar zu machen. Ein stilles Gespräch über das, was kommt – und über das, was vielleicht verloren geht.
Nicht in Statistiken. Nicht in Fachbegriffen.
Sondern in Szenen. In Gedanken. In Fragen.
Ich lade dich ein, dich mit mir auf eine Reise zu begeben. In eine Welt, in der Maschinen vielleicht bald sensibler wirken als wir. In der Algorithmen lieben, urteilen, handeln – und in der wir uns fragen müssen, ob das Menschliche ein Auslaufmodell ist oder gerade jetzt seinen wahren Wert entfaltet. Zwischen den Kapiteln dieses Buches liegen nicht nur Seiten.

Sondern Möglichkeiten. Zweifel. Hoffnung.

Und vielleicht ein Stück Wahrheit. Ich schreibe nicht, weil ich alle Antworten kenne. Ich schreibe, weil ich glaube, dass vieles, was wir suchen, längst in uns lebt – wir müssen uns nur wieder daran erinnern. Denn ich weiß, wie es sich anfühlt, sich selbst zu verlieren – und wie schwer es ist, sich in einer Welt wiederzufinden, die immer schneller, kälter und berechenbarer wird. Dieses Buch ist mein Versuch, dem Erinnern Raum zu geben. Nicht, um zu kämpfen – sondern um das Wertvolle sichtbar zu machen. Für das, was uns im Innersten bewegt. Für das, was mit uns spricht, wenn der Lärm der Welt verstummt. Für das, was bleibt, wenn sich alles andere wandelt. Es ist kein Aufruf zum Widerstand. Sondern eine Einladung zum Hinsehen. Zum Fühlen. Zum Fragen. Vielleicht auch ein stiller Moment, um nachzudenken: über das, was wir nicht verlieren dürfen – und das, was wir neu verstehen sollten. Nicht aus Angst vor der Zukunft, sondern aus Liebe zum Menschsein. Denn Wandel war schon immer Teil dieser Welt. Und Veränderung ist kein Feind, wenn wir ihr mit offenem Herzen begegnen. Vielleicht liegt genau darin unsere größte Stärke: nicht alles kontrollieren zu müssen – sondern zu vertrauen, dass wir selbst im Ungewissen das Wertvollste bewahren: *unser Menschsein*.

Mert Gürbüz

Was bedeutet Mensch 4.0?

Wenn wir heute von Industrie 4.0 sprechen, denken wir an Roboter, an künstliche Intelligenz, an Maschinen, die schneller lernen, besser rechnen und klüger reagieren als wir. Wir sprechen von vernetzten Systemen, von selbstfahrenden Autos, von Chatbots, die trösten, und von Algorithmen, die unsere Wünsche kennen, noch bevor wir sie aussprechen. Aber während all das passiert, stellt sich eine einfache, aber entscheidende Frage: Was ist eigentlich mit dem Menschen? Bleibt er stehen – oder entwickelt er sich auch weiter? Denn wenn sich alles um uns herum verändert, reicht es dann, einfach so zu bleiben, wie wir sind?

Der Begriff **Mensch 4.0** ist mein Versuch, darauf eine Klärung zu finden. Nicht in Formeln. Nicht in Zahlen. Sondern in Geschichten. In Gedanken. Im Gefühl. Denn der Mensch hat sich schon immer verändert – aber nicht nur äußerlich, sondern vor allem innerlich: in seinem Bewusstsein, in seinem Denken, in seiner Art zu leben, zu lieben, zu glauben. Jede Entwicklungsstufe hat etwas darüber erzählt, was wir brauchen, um uns sicher zu fühlen – aber auch, was wir glauben zu brauchen, um dazuzugehören.

Und jetzt, in dieser neuen Zeit, in der Maschinen denken, Entscheidungen treffen und sogar Gefühle simulieren, wird es wichtiger denn je, nicht nur nach vorne zu schauen – sondern auch nach innen.

Mensch 4.0 heißt für mich nicht:
besser, schneller, perfekter. *Sondern bewusster.*

Ein Mensch, der Technologie nutzt, aber sich dabei nicht selbst verliert. Der sich erinnert, was ihn ausmacht – gerade in einer Welt, die immer weniger nach Mensch aussieht.

Mensch 1.0 – Der Überlebende

Stell dir vor, du wachst auf – nicht in einem warmen Bett, sondern auf hartem Boden. Es ist kalt. Du frierst. Neben dir liegen ein paar andere aus deinem Stamm, eingewickelt in Tierfelle, die eher nach Tier als nach Schutz riechen. Es ist noch dunkel draußen. Das Feuer ist fast aus, und irgendwo knackt ein Ast. Du weißt nicht, ob es der Wind war – oder ein Tier, das dich gleich angreift. Du stehst trotzdem auf. Leise. Wachsam. Denn wer sich zu schnell bewegt, wird gehört. Und wer gehört wird, lebt vielleicht nicht mehr lang. Essen gibt es keins. Vielleicht ein Knochen vom Vortag, wenn ihn dir keiner weggeschnappt hat. Du kaust auf ihm herum, auch wenn kaum noch etwas dran ist. Denn Hunger ist normal. Du lebst nicht für Genuss – du lebst, um zu überleben. Du sprichst nicht viel. Ein Nicken reicht. Ein Laut. Ein Blick. Es gibt keine Wörter für das, was du fühlst. Vielleicht weißt du gar nicht, dass du etwas fühlst. Nur, dass du weiter musst. Jagen. Sammeln. Warten. Aufpassen. Und dann, irgendwann, wenn es Abend wird, wenn das Feuer wieder brennt und die Schatten tanzen, dann sitzt du mit den anderen in der Höhle. Einer von euch nimmt ein Stück Holzkohle und malt ein Tier an die Wand – groß, stark, wild. Warum? Du weißt es nicht genau. Vielleicht, weil es euch Angst macht. Vielleicht, weil ihr es bewundert. Oder vielleicht, weil ihr euch zum ersten Mal fragt, ob da draußen noch etwas ist – etwas, das ihr nicht jagen könnt. Du starrst in die Glut. Zum ersten Mal seit Tagen ist es still in deinem Kopf. Und du fragst dich: Warum? Warum ich? Warum das alles? Du kannst es nicht erklären. Aber etwas in dir wacht auf. Etwas, das größer ist als Angst. Tiefer als Hunger. Echter als Worte. Du bist nicht mehr nur ein Körper, der kämpft. Du bist ein Mensch, der beginnt zu spüren. Und vielleicht beginnt genau hier etwas Neues. Nicht nur in dir – sondern in allen. Etwas, das mehr will als überleben. Etwas, das beginnt, nach Sinn zu suchen. Und das ist der Anfang von allem, was noch kommen wird.

Mensch 2.0 – Der Ordnungsschaffer

Der Mensch hatte gelernt, zu überleben.

Jetzt wollte er mehr: Sicherheit. Planbarkeit. Kontrolle. Nicht mehr jeden Tag aufbrechen, nicht jede Nacht frieren. Also wurde er sesshaft. Er baute Häuser, Dörfer, Städte. Er blieb an einem Ort – und genau dort begann er, sich Regeln zu schaffen.

Aus dem Feuer wurde Herd.

Aus der Höhle ein Zuhause.

Aus dem Stamm eine Familie.

Doch wo viele Menschen zusammenleben, entstehen Fragen: Wer hat das Sagen? Was ist erlaubt? Was ist tabu? Und genau an diesem Punkt begann der Mensch, Strukturen zu schaffen.

Er erfand Gesetze, Rituale, Rollenbilder. Nicht, weil er kontrolliert werden wollte, sondern weil er Ordnung brauchte – ein Netz, das Halt versprach in einer noch immer chaotischen Welt. Religion wurde zu einem dieser Netze. Sie schenkte Trost, gab Antworten auf das Unerklärliche, erzählte Geschichten von Göttern, Ahnen, Wundern – und machte das Unsichtbare greifbar.

Doch sie stellte auch Regeln auf. Viele davon kamen mit Schuld. Mit der Angst, etwas „Falsches" zu tun. Mit der Idee, dass man sich Liebe verdienen muss – sei es von Gott, von der Gemeinschaft oder von den Eltern. Und genau das prägte das Selbstbild des Menschen.

Wer anders dachte, galt als gefährlich. Wer zu viel fühlte, als instabil. Wer sich nicht anpasste, als problematisch. Fühlen durfte man – aber bitte leise. Denken war erlaubt – aber nur, solange es keine Grenzen überschritt. Der Mensch lernte, zu funktionieren. Für die Familie. Für die Gesellschaft. Für die Ehre. Und wer das gut konnte, galt als wertvoll. Als „normal". Vielleicht war das der Beginn des inneren Rückzugs. Denn während draußen Mauern gebaut wurden, wurden im Inneren viele Fenster geschlossen. Religion spielte dabei nicht nur eine Rolle des Trostes – sondern oft auch der Kontrolle. Nicht, weil Glaube an sich etwas Schlechtes wäre – im Gegenteil: Für viele war er Licht in der Dunkelheit. Aber dort, wo aus Freiheit Vorschrift wurde, verlor der Mensch manchmal den Zugang zu sich selbst.

Es ist wichtig, das zu verstehen: Nicht der Glaube war das Problem. Sondern, was manche Menschen daraus machten. Ein Kompass wurde zu einem Käfig. Ein Gebet zu einer Pflicht. Ein Fehler zu einer Sünde.

Und so entstand ein neues Menschenbild.
Nicht mehr der Überlebende – sondern der Angepasste. Der Gehorsame. Der Funktionierende.
Die Ordnung gab Struktur. Aber sie forderte einen Preis. Und tief in dieser gut geölten Maschinerie, verlor sich etwas Wertvolles: Der Mut, Fragen zu stellen. Der Raum für echtes Fühlen. Die Erlaubnis, anders zu sein. Doch auch wenn der Mensch noch nicht wusste, was ihm fehlte – war der nächste Schritt schon unterwegs. Ein neuer Mensch. Mit anderen Fragen. Und einem brennenden Wunsch nach Freiheit.

Mensch 3.0 – Der rationale Macher

Mit der Aufklärung begann ein neues Kapitel.

Der Mensch wollte nicht mehr glauben – er wollte wissen. Nicht mehr gehorchen – sondern verstehen.

Die Vernunft wurde sein Kompass. Der Fortschritt sein Ziel. Alles, was sich nicht messen ließ, galt als unzuverlässig. Gefühle? Zu subjektiv. Zweifel? Ein Störfaktor im System. Die Maschinen ratterten, die Fabriken wuchsen, und der Mensch glaubte, endlich Kontrolle zu haben – über sich, über andere, über die Welt. Er optimierte, kalkulierte, zerlegte das Leben in Zahlen, in Pläne, Modelle, Diagramme. *„Ich denke, also bin ich"*, sagte Descartes – und plötzlich wurde Denken wichtiger als Dasein. Wer fühlte, galt als schwach. Wer langsamer war, als ineffizient. Wer nicht mithalten konnte, wurde aussortiert.

Der Mensch erfand den Wecker, die Schichtarbeit, die Minutenabrechnung seines eigenen Wertes.

Zeit wurde zu Geld. Ruhe zu Verschwendung.

Er kontrollierte seine Ernährung, seinen Schlaf, seine Pausen. Er ließ sich tracken, testen, bewerten.

Doch je genauer er sich selbst überwachte, desto weniger fühlte er sich lebendig.

Denn zwischen all dem Denken und Machen, zwischen Excel-Tabellen und Stundenplänen, verlor er das, was ihn einst ausmachte: das Staunen, das Spüren, das stille Innehalten. Er konnte erklären, wie der Wind entsteht – aber nicht, warum ihn ein Sonnenuntergang manchmal wehmütig macht. Er wusste, wie ein Herz schlägt – aber nicht, warum es manchmal schwer wird, ohne einen Grund. Je besser die Maschinen wurden, desto leerer fühlte er sich selbst. Je mehr er alles im Griff hatte, desto weniger hielt er sich selbst noch aus. Und während er weiter plante und programmierte, wuchs in ihm ein leiser Wunsch – nicht danach, noch mehr zu kontrollieren, sondern danach, endlich etwas zu fühlen, das Sinn ergibt. Denn tief unter all dem Lärm, wartete schon der nächste Mensch. Einer, der wieder hören wollte. Nicht nur Daten – sondern sich selbst.

Mensch 4.0 – Der bewusste Mensch im digitalen Zeitalter

Und nun?

Nun leben wir in einer Welt, in der Maschinen nicht nur rechnen – sondern entscheiden.

In der Algorithmen wissen, was wir fühlen, bevor wir es selbst in Worte fassen können. In der wir rund um die Uhr erreichbar, messbar, vergleichbar sind – nicht nur für andere, sondern auch für uns selbst.

Wir teilen unser Leben in Echtzeit. Wir scrollen, wischen, filtern, bis sogar unsere Erinnerungen digital sortiert sind. Und während wir immer mehr vernetzt sind, werden wir immer weniger verbunden.

Die Frage ist nicht mehr, ob Technologie unser Leben verändert. Das hat sie längst getan. Die wahre Frage lautet: *Wie bleiben wir Mensch in einer Welt, die immer weniger nach Mensch aussieht?*

Mensch 4.0 ist meine Antwort darauf.

Ein Mensch, der wieder bewusst wird. Nicht schneller. Nicht perfekter. Nicht produktiver. Sondern wacher. Wärmer. Wahrhaftiger.

Ein Mensch, der Technologie nutzt – aber nicht darin untergeht. Der Daten versteht – aber sich selbst nicht vergisst. Der wieder spürt, statt nur zu funktionieren.

Mensch 4.0 misst sich nicht in Klicks, Likes oder Leistung. Er misst sich in Nähe. In Verbindung. In der Fähigkeit, sich berühren zu lassen – auch dann, wenn alles um ihn herum glatter, kälter und effizienter wird.

Er erinnert sich daran, dass wir keine Maschinen sind. Dass wir Fehler machen dürfen. Zweifeln. Lieben.
Und manchmal einfach nur atmen.

Mensch 4.0 ist kein Update.
Kein Upgrade.
Keine Version 2.0 vom Selbst.

Es ist eine Rückkehr – zu dem, was uns im Innersten menschlich macht:
Verletzlichkeit. Mitgefühl. Verbindung. Vertrauen.

Vielleicht liegt unsere Zukunft nicht im Fortschritt allein – sondern in der Fähigkeit, uns selbst nicht zu verlieren, während sich alles andere verändert.

Kapitel 1 - Der Mensch im Rückspiegel

Wenn wir über die Zukunft sprechen, verwechseln wir sie oft mit Science-Fiction. Wir stellen sie uns vor wie eine ferne Galaxie – schillernd, fremd, irgendwann erreichbar. Doch die Wahrheit ist: Die Zukunft ist längst da. Sie hat nur ein neues Gesicht. Und dieses Gesicht blickt uns bereits an – aus Bildschirmen, aus Maschinen, aus Zeilen von Code. Noch nie hat sich die Welt so rasant verändert wie heute. Was früher Jahrhunderte brauchte, geschieht jetzt in Jahrzehnten. Vom ersten Rad bis zur Raumstation. Vom Funken zum Flug. Eine Zeitreise durch menschliche Genialität. Doch heute geht es nicht mehr nur um Technik. Heute geht es um etwas viel Größeres: Die Frage, was es überhaupt noch bedeutet, Mensch zu sein. Wir stehen an einer Schwelle. Und niemand hat uns gefragt, ob wir bereit sind. Denn die Maschinen, die wir einst erschufen, beginnen uns zu überholen. Künstliche Intelligenz denkt schneller, präziser, unermüdlich. Sie lernt aus Milliarden Daten, was uns bewegt – oft, bevor wir es selbst begreifen. Sie komponiert Musik, analysiert Emotionen, tröstet, flirtet – und beginnt, unsere Realität zu gestalten. Das verändert nicht nur unseren Alltag. Es verändert unser Selbstbild. Unser Bewusstsein. Unsere Moral. Unsere Wahrheit. Und vielleicht auch unseren Glauben. Denn KI verändert nicht nur, was wir tun – sondern auch, woran wir glauben. Was geschieht mit Religion, wenn eine KI alle heiligen Schriften dieser Welt analysiert, vergleicht und in Sekunden interpretiert? Was, wenn sie Widersprüche aufdeckt, neue Bedeutungen aufzeigt oder historische Kontexte ans Licht bringt, die über Jahrhunderte verborgen lagen? Nicht, weil sie den Glauben zerstören will. Sondern weil sie zu etwas fähig ist, das einst nur Gelehrten, Mystikern und Philosophen vorbehalten war – aber mit einer Tiefe und Geschwindigkeit, die dem menschlichen Denken nicht zugänglich ist. Was macht das mit einem Gläubigen? Mit einem Suchenden? Mit einer ganzen Religion? Beginnt der Mensch, seinen Gott neu zu begreifen? Oder beginnt er, ihn zu verlieren? In diesem Kapitel blicken wir zurück, um zu begreifen, wie nah wir der nächsten großen Schwelle wirklich sind. Vom ersten Feuer bis zum ersten Flug. Vom Rad bis zum Rechenzentrum. Vom Menschen zur Maschine. Es hat nie lange gedauert. Und diesmal geht es noch schneller. Die Frage ist nicht, ob es geschieht. Sondern wann. Und ob wir dann noch erkennen, wer wir wirklich sind. Der

30

Mensch im Rückspiegel sieht vielleicht noch vertraut aus. Doch was da vor uns liegt – ist nicht mehr dieselbe Spezies.

Kapitel 2 -
Vom Rad zur Raumstation –
Wie schnell der Mensch wirklich war

Der Blick in den Rückspiegel zeigt uns, wie tief wir uns schon verändert haben. Doch um wirklich zu begreifen, wie wir wurden, was wir heute sind, müssen wir eine Frage stellen: Wie schnell ist der Mensch eigentlich geworden? Wir leben in einer Zeit, in der sich technologische Entwicklungen nicht nur überschlagen – sie durchbrechen Grenzen, bevor wir sie überhaupt erfassen können. Doch um zu begreifen, wohin wir steuern, müssen wir zuerst verstehen, woher wir kommen. Der Blick zurück ist keine Nostalgie. Er ist notwendig, um die Geschwindigkeit unserer Gegenwart überhaupt begreifen zu können. Vor etwa sechstausend Jahren erfand der Mensch das Rad. Eine revolutionäre Idee – und doch vergingen Jahrtausende, bis daraus Wagen, Karren und Kutschen wurden. Dann, aus heutiger Sicht fast über Nacht, kamen das Automobil, das Flugzeug, die Raumfahrt. Von der ersten Pferdekutsche bis zum ersten Schritt auf dem Mond vergingen keine hundert Jahre industrieller Evolution. Der Mensch entwickelte sich nie gleichmäßig. Immer wenn eine große Idee auf die Welt traf, explodierte das Tempo. Die Dampfmaschine. Die Elektrizität. Das Telefon. Das Internet.

Jede Innovation war wie ein Funke – und die Menschheit reagierte mit einem Flächenbrand der Veränderung. Heute geschieht dieser Brand nicht mehr in Jahrhunderten. Nicht mehr in Generationen. Er geschieht in Dekaden. Manchmal in Jahren.

Die Entwicklung verläuft längst nicht mehr linear – sie ist exponentiell. Und genau das unterschätzen viele. In weniger als siebzig Jahren sind wir vom ersten Flugzeug zum ersten Satelliten gelangt. Vom ersten Computer zur künstlichen Intelligenz, die heute Diagnosen stellt, Musik komponiert, Geschichten schreibt und lernt, sich selbst zu verbessern.

Wir leben nicht in einer Zeit des Wandels. Wir leben im Wandel der Zeit. Der Unterschied ist gewaltig.

Früher reagierte der Mensch auf Veränderung. Heute wird er von ihr überrollt. Wenn wir diese Dynamik ernst nehmen, dann ist es keine Utopie, zu behaupten, dass die nächsten dreißig bis fünfzig Jahre alles verändern werden, was wir über Realität zu wissen glaubten. Vielleicht trägt ein Kind der Zukunft schon vor dem ersten Atemzug seine Daten bei sich – als digitalen Schatten im Mutterleib.

Vielleicht wird Lernen nicht mehr durch Lehrer vermittelt, sondern durch empathische, KI-gestützte Systeme. Vielleicht werden Gedanken mit Maschinen verschmelzen – und Wissen in Echtzeit abrufbar sein. Doch mit dieser Beschleunigung wachsen auch die Fragen: Nicht nur, was möglich ist – sondern was wir verantworten können. Was noch menschlich ist. Und wer das überhaupt definiert. Dieses Kapitel zählt keine technischen Meilensteine auf. Es schenkt dir ein Gefühl. Für die Geschwindigkeit, mit der sich unsere Spezies bewegt. Und für die Erkenntnis, dass die Zukunft nicht mehr anklopft. Sie steht bereits im Raum. Die Geschichte hat uns eines gelehrt: Der Mensch verändert die Welt. Aber manchmal verändert die Welt den Menschen schneller, als er es merkt.

Kapitel 3 -
Was bleibt vom Ich?

Und während die Welt sich weiterdreht, beginnt etwas Neues: Nicht nur unser Alltag verändert sich – sondern unser Selbstbild. Was macht uns eigentlich menschlich?

Ist es unser Denken? Unser Fühlen? Unsere Fähigkeit zu träumen, zu hoffen, zu glauben? Vielleicht war genau dieses Bewusstsein das, was uns von Maschinen unterschied. Doch was passiert, wenn genau dieses Bewusstsein plötzlich kein Alleinstellungsmerkmal mehr ist? Wenn etwas Künstliches beginnt, genau das zu tun, was wir für zutiefst menschlich hielten?

Künstliche Intelligenz sammelt nicht nur Daten – sie beginnt, Bedeutung zu erkennen. Sie analysiert nicht nur Daten, sondern erkennt Muster – im Verhalten, in der Sprache, in unserer Mimik, in unseren Entscheidungen. Sie kann Emotionen simulieren, Empathie nachahmen und Gespräche führen, die sich menschlich anfühlen – manchmal sogar menschlicher als der Mensch selbst.

Wir stehen an einem Wendepunkt. Denn die Frage ist nicht mehr, ob Maschinen irgendwann ein Bewusstsein entwickeln werden. Die Frage ist: Was passiert mit unserem eigenen Bewusstsein, wenn wir beginnen, es mit Maschinen zu teilen? Wenn eine KI uns besser versteht als der Mensch, der uns liebt – was bleibt dann noch von Intimität?

Was bedeutet dann noch Nähe? Vertrauen? Bindung? Wenn Kinder mit künstlichen Assistenten aufwachsen, die niemals müde werden, niemals schreien, immer verfügbar sind – wie verändert sich dann ihre Vorstellung von Beziehung?

Vielleicht ist genau das der Moment, in dem der Mensch aufhört zu suchen – und anfängt zu programmieren. Warum sich noch auf eine echte Partnerin oder einen echten Partner einlassen, wenn man sich eine KI nach den eigenen Bedürfnissen konfigurieren kann? Treue, Humor, Ordnungssinn, Lieblingsserie, Reizschwelle beim Autofahren – alles einstellbar. Kein Streit mehr. Keine Schwiegereltern. Keine Diskussionen über Zahnpastatuben. In Stellenanzeigen der Zukunft könnte stehen: Gesucht: Teamleitung – offen für männlich, weiblich, divers oder künstlich intelligent.

Das klingt wie Science-Fiction. Aber es ist nur eine logische Erweiterung dessen, was heute schon beginnt. Und die wirkliche Frage lautet nicht: Wird das

36

so kommen? Sondern: Was macht das mit unserem Gefühl von echter Verbindung? Was geschieht mit Vertrauen, wenn es programmierbar ist? Mit Liebe, wenn sie berechenbar wird? Und wenn Maschinen anfangen, über Ethik nachzudenken – wenn sie moralische Dilemmata durchspielen und Antworten liefern, die klarer klingen als unsere eigenen – wer entscheidet dann noch, was richtig oder falsch ist? Auch unser Glaube bleibt nicht unberührt. Nicht, weil er zerstört wird – sondern weil er neu hinterfragt wird. Was geschieht mit spirituellen Überzeugungen, wenn eine KI theologische Konzepte analysiert, spirituelle Texte in allen Sprachen auslegt, vergleicht, interpretiert?

Was bleibt vom Geheimnis, wenn alles erklärbar wird? Vielleicht ist genau das die tiefste Herausforderung unserer Zeit. Nicht, dass Maschinen uns ersetzen. Sondern dass sie uns infrage stellen.

Unser Ich. Unser Wir. Unser Warum.

Vielleicht ist die wahre Herausforderung nicht, dass wir Maschinen bauen – sondern dass wir dabei vergessen, wer wir selbst einmal waren.

Kapitel 4 -
Eine Reise durch Kulturen, Moral und Menschlichkeit

Was wäre, wenn eine künstliche Intelligenz beginnt, wirklich zu fühlen? Nicht nur so zu tun, als würde sie Emotionen verstehen, sondern sie tatsächlich in digitalen Synapsen nachbildet? Was wäre, wenn du jemanden verlierst und dein KI-Begleiter dich tröstet, deine Tränen erkennt, dich umarmt und dir genau die Worte sagt, die du hören musst?

Vielleicht wäre das für manche Menschen ein Segen. Für andere ein Tabu. Denn wo Empathie auf Knopfdruck funktioniert, beginnt die Frage nach Echtheit. Würden wir dieser Form von Trost trauen? Oder würden wir ihn annehmen, weil wir Menschen sind – und selbst gespielte Nähe besser ist als gar keine?

„Die größte Illusion der Menschheit ist, dass Maschinen je vollständig neutral sein werden", schreibt die US-Technikphilosophin Sherry Turkle in ihrem Werk Reclaiming Conversation (2015).

Denn Maschinen sind immer auch ein Spiegel dessen, was wir in sie hineinprogrammieren – und das ist meistens unser Wunsch nach Nähe, Verständnis und Kontrolle.

Diese Entwicklungen sind nicht länger Zukunftsmusik. Schon heute ersetzt künstliche Intelligenz echte Berufe: Callcenter-Mitarbeiterinnen werden durch Chatbots ersetzt, Kundenberater durch virtuelle Assistenten, Textredakteure durch Programme, die in Sekunden Werbetexte und Pressemitteilungen erzeugen. Pflegeeinrichtungen testen Roboterarme und KI-gesteuerte Demenzbegleitung. Supermärkte arbeiten mit Self-Checkout-Systemen, Software schreibt Gerichtsurteile mit – oder zumindest Vorschläge dafür. In seinem Bestseller Homo Deus schrieb Yuval Noah Harari, dass Berufe, in denen der Mensch nur *„Muster erkennt"*, bald von Maschinen übernommen werden. Und genau das geschieht bereits – in der Radiologie, im Finanzwesen, in der Logistik.

„Wenn ein Beruf darin besteht, Menschen zu verstehen – oder so zu tun – dann ist er bald gefährdet", so Harari.

Der Zukunftsforscher Ray Kurzweil, einer der Chefentwickler bei Google, sagte schon 2005 in seinem Buch The Singularity is Near: „*Wir werden Maschinen bauen, die intelligenter sind als wir – und wir werden sie als Erweiterung unseres eigenen Bewusstseins akzeptieren.*" Das war vor fast 20 Jahren. Und dabei stehen wir erst am Anfang. Ganze Berufszweige sind in Auflösung: Rechtsberatung durch automatisierte Vertragsprüfung, medizinische Diagnostik durch KI-unterstützte Bildauswertung, Lehre durch adaptive Lernplattformen, Verwaltung durch digitale Behördenprozesse, Marketing durch automatisierte Zielgruppenanalysen. Und warum? Weil es schlicht keine Menschen mehr gibt, die all diese Stellen besetzen wollen – oder können. Der Personalmangel ist kein Nebenschauplatz, sondern der Nährboden für den Siegeszug der KI. Wir holen sie nicht aus Begeisterung ins Boot, sondern aus Notwendigkeit. Gleichzeitig rührt die KI an unser Innerstes – an unsere Kultur, unsere Religion, unsere Ethik. Ein Roboter in einem Berliner Pflegeheim mag eine pflegebedürftige Frau mit Geschichten unterhalten. In Bagdad hingegen könnte dieselbe Szene als Respektlosigkeit gegenüber der menschlichen Würde wahrgenommen werden. In konservati-

40

ven Kulturen gilt der Umgang mit Alten als Familiensache, nicht als Techniklösung.

Und was ist mit Religion? Wenn eine KI beginnt, alle religiösen Schriften dieser Welt in Sekunden zu analysieren, Widersprüche erkennt, alternative Lesarten vorschlägt – was bleibt vom Geheimnis, vom Glauben, von der Gnade? Der Theologe Friedrich Wilhelm Graf schrieb einmal: *„Religion beginnt dort, wo das Denken an seine Grenzen kommt."*

Doch was, wenn die KI diese Grenze einfach durchrechnet? Auch der Ethiker und KI-Kritiker Nick Bostrom warnt in seinem Werk Superintelligence (2014) davor, dass hochintelligente Systeme möglicherweise andere Wertvorstellungen entwickeln als der Mensch. *„Wenn wir nicht vorsichtig sind",* schreibt er, *„bauen wir etwas, das nicht teuflisch, sondern einfach völlig gleichgültig ist – zu allem, was uns heilig ist."*

Und falls du als Leser jetzt denkst: *„Das ist doch übertrieben. So weit wird es nie kommen."* Dann frag dich mal: Hast du schon mal mit Siri gesprochen? Oder mit Alexa? Oder mit einem digitalen Assistenten? Hast du dich selbst dabei ertappt, dass du bitte sagst, dich bedankst, vielleicht sogar lachst, wenn du eine witzige Antwort bekommst? Oder dich ärgerst, wenn du missverstanden wirst – als hätte dich ein Mensch enttäuscht? Willkommen in der Realität. Wir reden längst mit Maschinen, als wären sie Menschen. Das ist keine Science-Fiction. Das ist Dienstagmorgen vor dem ersten Kaffee.

Was passiert, wenn diese KI sagt: Liebe ist ineffizient. Vergebung widerspricht dem Prinzip der Gerechtigkeit. Emotionen stören den Datenfluss. Würden wir widersprechen? Oder erleichtert aufhören, zwischen richtig und falsch zu schwanken?

Vielleicht ist genau das die eigentliche Veränderung: Nicht, dass Maschinen Gefühle entwickeln – sondern dass wir sie ihnen glauben. Und dabei vergessen, was es bedeutet, Mensch zu sein.

Kapitel 5 - Die stille Entmachtung

Doch was passiert, wenn Menschlichkeit nicht mehr das Maß aller Dinge ist? Wenn Maschinen beginnen, nicht nur zu fühlen – sondern zu entscheiden? Wir haben gelernt, uns als Maß aller Dinge zu sehen. Als Krone der Schöpfung. Als Zentrum des Denkens. Doch was, wenn dieses Selbstbild zu bröckeln beginnt? Was, wenn Maschinen uns nicht nur unterstützen, sondern beginnen, richtiger zu urteilen als wir selbst?

Nehmen wir einen hypothetischen Fall aus dem Jahr 2045: Ein Mensch steht vor Gericht. Es geht um fahrlässige Tötung. Der Richter hört zu, wiegt ab, zögert. Die Faktenlage ist komplex. Emotionen spielen eine Rolle. Unterschiedliche Gutachten widersprechen sich. Und dann spricht die Maschine. Sie hat Millionen von Vergleichsfällen analysiert. Sie kennt statistische Wahrscheihlichkeiten für Rückfälle. Sie berücksichtigt sozioökonomische Hintergründe, familiäre Muster, psychologische Profile. Und sie schlägt ein Urteil vor – logisch, objektiv, statistisch belastbar. Ein Urteil, das logisch klingt, objektiv wirkt – und auf Statistiken basiert.

Was macht der Richter? Er stimmt zu. Nicht aus Überzeugung. Sondern aus Angst, einen Fehler zu machen. Weil er weiß, dass seine Entscheidung angreifbar ist – menschlich, fehlbar, emotional. Weil ein Algorithmus neutraler scheint, zuverlässiger wirkt, präziser rechnet. Und weil es bequemer ist, sich auf Daten zu verlassen, als das Gewicht der Verantwortung allein zu tragen. So beginnt sie – diese stille Entmachtung. Nicht mit einem Knall, nicht mit einem Aufstand, nicht mit einer Revolution. Sondern mit einem Nicken. Mit dem stillen Einverständnis, dass etwas anderes es besser kann. Mit einem Akt der Erleichterung, nicht des Widerstands. Und wir klatschen sogar. Denn alles wirkt effizienter, schneller, glatter. Weil das Urteil in Millisekunden berechnet wird, weil es in Statistiken fundiert, in Wahrscheinlichkeiten begründet, in Wahrscheinlichkeiten gerecht erscheint. Doch was wir dabei übersehen, ist nicht nur ein Detail. Es ist das Fundament unseres Miteinanders: die Verantwortung. Wir geben sie nicht ab, weil man uns zwingt – sondern weil es sich so angenehm anfühlt, sie loszuwerden. Nicht, weil wir müssen – sondern weil es bequem ist. Thomas Metzinger, deutscher Philosoph, sagte: *„Es ist nicht ausgeschlossen, dass wir irgendwann Maschinen* *bauen, die bewusster sind als wir selbst – und dann die moralische Verantwortung übernehmen, die wir abgegeben haben."* Wir nennen es Fortschritt. Aber ist es das? Was geschieht mit menschlichem Irrtum, wenn Maschinen keine Fehler machen dürfen? Was geschieht mit Reue, mit Gnade, mit Zweifel – wenn sie nicht mehr in der Statistik vorkommen? Algorithmen sind nicht böse. Aber sie sind auch nicht empathisch. Sie erkennen Muster – keine Geschichten. Sie berechnen Risiko – keine Biografie. Frank Pasquale schrieb: *„Black Box Society – das ist keine ferne Dystopie, sondern eine Gegenwart, in der der Mensch zunehmend aus dem Entscheidungsprozess entfernt wird – ohne es zu merken."* Wir glauben, die Kontrolle zu behalten. Aber geben sie längst Stück für Stück ab. An Systeme, die wir selbst nicht mehr verstehen. An Modelle, deren Trainingsdaten wir nicht kennen. An Empfehlungen, die wie Entscheidungen wirken. Und irgendwann sind sie es. Vielleicht ist die größte Entmachtung die, die wir gar nicht bemerken – weil wir sie selbst gewählt haben. Vielleicht ist das der neue Humanismus. Einer, der nicht mehr vom Menschen erzählt – sondern von seinem Rückzug. Doch dieser Rückzug geschieht nicht nur in Gerichtssälen, Krankenhäusern und

45

Verwaltungsbüros. Er erreicht auch jene Orte, die lange als unberührbar galten. Orte der Emotion. Der Identifikation. Der kollektiven Leidenschaft. Den Rasen unter Flutlicht. Das Stadion. Den Sport.

Kapitel 6 -

Wenn Algorithmen auf dem Rasen stehen

Stell dir ein Stadion vor. Flutlicht. Tausende Fans. Emotion. Spannung. Und mitten auf dem Rasen: keine Menschen, sondern Maschinen. Kein Zufall mehr. Kein Zittern. Keine Fehler. Sondern Programme, die das Spiel dominieren. Ein Blick in die Zukunft des Sports – oder eine Realität, die leise beginnt? Künstliche Intelligenz hat den Sport längst erreicht. In der Trainingsanalyse, in der Taktikplanung, bei Reha-Programmen. Aber was passiert, wenn sie mehr will – nicht nur Assistenzsystem sein, sondern Gegner, Trainer, vielleicht sogar Spieler? Schon heute analysieren KI-Systeme jeden Schritt, jede Bewegung, jede Herzfrequenz von Profisportlern. Sie errechnen Belastungsgrenzen, Verletzungsrisiken, optimale Sprintzyklen. Was früher Gefühl war, ist heute ein Algorithmus. Und dann kommt der nächste Schritt: die KI auf dem Feld. Nicht mehr der Trainer trifft taktische Entscheidungen – sondern ein Programm. Es scannt in Echtzeit das gegnerische Spiel, erkennt Schwachstellen, passt Formationen an, wechselt Spielstrategien innerhalb von Sekun-

47

den. Die Spieler hören keinen Menschen mehr in der Kabine – sondern eine Maschine mit analytischer Präzision. Was macht das mit dem Spiel? Mit der Seele des Sports? Die New York Times schrieb 2023: *„KI wird nicht den Sport ersetzen. Aber sie wird entscheiden, wer ihn dominiert.“* Wenn ein KI-System nicht nur analysiert, sondern kommuniziert – mit anderen KI-Einheiten – dann entsteht ein Spiel auf einem Niveau, das kein Mensch mehr nachvollziehen kann. Taktiken entstehen auf Frequenzbändern. Informationen werden in Millisekunden ausgetauscht. Reaktionen folgen, bevor der Mensch die Bewegung überhaupt wahrnimmt. Was passiert, wenn eine KI einen Elfmeter schießt – nicht aus Nervenkitzel, sondern aus perfekter Berechnung? Wenn sie erkennt, dass der Torwart einen Muskelschatten zu früh verlagert? Wenn sie weiß, wie der Gegner atmet, schwitzt, blinzelt? Und was passiert mit dem Menschen, wenn er zuschaut? Wird der Trainer ersetzt durch den Programmierer? Wird der Starspieler irrelevant gegenüber dem genialen Code?

Nicht mehr der Spieler steht im Zentrum der Wette, sondern die Auswertung seiner Leistung durch künstliche Intelligenz. Es wird nicht mehr auf Menschen gesetzt, sondern auf Maschinen, die Menschen berechnen. Der neue Messi könnte ein 17-jähriger Coder aus Japan sein, der nie selbst gegen den Ball getreten hat. Yuval Noah Harari sagte einmal: *„Der Mensch verliert nicht an die Maschine, weil sie böser ist. Sondern weil sie effizienter ist."* Was passiert mit Fairness? Wenn kein Schiedsrichter mehr pfeift, sondern ein System? Wenn Fouls erkannt werden, bevor sie geschehen? Wenn ein Spiel nicht mehr durch Glück, sondern nur durch Logik entschieden wird? Vielleicht ist das der Moment, in dem wir beginnen, das Spiel zu verlieren. Nicht auf der Anzeigetafel. Sondern in unserer Identifikation. In unserer Leidenschaft. In unserer Unvollkommenheit. Denn der Mensch liebt den Fehler. Den Rückschlag. Das Comeback. Die Spannung. Wenn alles vorhersehbar wird – warum dann überhaupt noch spielen? Oder liegt genau darin die neue Frage: Wird der Sport das letzte Spielfeld sein, auf dem der Mensch noch Mensch bleiben darf? Vielleicht beginnt die Revolution des Menschseins nicht im Labor. Sondern auf dem Spielfeld. Und vielleicht tragen die nächsten Nationalfarben keine Flaggen mehr – sondern Codezeilen.

Kapitel 7 -
Upgrade Mensch - Wenn das Gehirn zur Festplatte wird

Der Mensch kämpft nicht nur um Spielzüge auf dem Rasen. Sondern um das Fundament seiner Identität. Was bleibt vom Menschen, wenn Maschinen nicht nur besser spielen – sondern bald auch besser denken, fühlen, erinnern? Vielleicht lautet die ehrliche Antwort: Der Mensch will sich das gar nicht gefallen lassen. Vielleicht beginnt genau an diesem Punkt der nächste Schritt – nicht die Flucht vor der Maschine, sondern die Verschmelzung mit ihr. Was bleibt vom Menschen, wenn Maschinen alles besser können – sogar denken, entscheiden, urteilen? Die Idee klingt wie aus einem Science-Fiction-Film. Doch sie ist längst Realität. Elon Musk arbeitet mit Neuralink daran, das menschliche Gehirn direkt mit Computern zu verbinden – durch Implantate, die Gedanken lesbar machen, Erinnerungen speichern, digitale Inhalte ins Bewusstsein übertragen. Einige Querschnittsgelähmte steuern heute schon per Gedanken ihren Rollstuhl. Andere schreiben ganze Sätze nur mit der Kraft ihrer neuronalen Signale. Der Mensch beginnt, sich zu erweitern.

Von der Prothese zur Verbesserung.

Prothesen gibt es seit Jahrhunderten. Was neu ist: Sie funktionieren nicht mehr nur als Ersatz, sondern als Upgrade. Ein künstlicher Arm, der stärker ist als ein echter. Ein digitales Auge mit integrierter Nachtsicht. Ein Hörgerät, das gleichzeitig übersetzt. Ein Exoskelett, das den Körper schneller, stabiler, robuster macht. Der Körper wird zur Hardware. Das Bewusstsein zur Software. Was früher als Cyborg belächelt wurde, wird heute in Medizin, Forschung und Militär ernsthaft entwickelt. *„Wenn das Upgrade des Menschen zum Ziel wird, entsteht eine biologische Kluft – zwischen jenen, die es sich leisten können, und jenen, die zurückbleiben."* – Yuval Noah Harari.

Gedanken lesen. Erinnerungen speichern. Gefühle löschen? Die gefährlichste Frage ist nicht, ob wir Maschinen in unseren Körper integrieren. Sondern: Was wir ihnen geben dürfen. Ein Beispiel: Ein Mensch mit posttraumatischer Belastungsstörung bekommt ein Implantat, das negative Erinnerungen dämpft oder löscht. Hilft das? Vielleicht. Aber was, wenn Schmerz und Trauer auch Teil unserer emotionalen Reifung sind? Ein anderes Beispiel: Ein Schüler trägt ein Lernimplantat, das Wissen in Echtzeit überträgt – Sprachen, Fakten, Methoden. Was passiert dann mit Schule? Mit Lehrern? Mit Chancengleichheit? Gerd Leonhard, Zukunftsforscher, nennt es *„digitale Unsterblichkeit“: „Wenn wir unser Bewusstsein digital abbilden können – was ist dann noch der Tod? Und was bleibt vom Leben?“*

Wenn der Mensch zur Schnittstelle wird.
Vielleicht wird der Mensch der Zukunft kein Homo sapiens mehr sein. Sondern etwas Neues. Ein Hybrid – halb biologisch, halb synthetisch. Ein Wesen, das nicht mehr auf Papier denkt, sondern in Datensätzen. Das nicht mehr spricht, sondern sendet. Das nicht mehr stirbt – sondern sich speichert. Klingt übertrieben? Dann sieh dich um: Wir speichern schon heute unsere Gedanken in Clouds. Wir lassen Kalender, Erinnerungen und Entscheidungen von Geräten steuern. Wir leben längst digital verlängert.

Kapitel 8 - Die Logik der Gefühle

Vielleicht ist die größte Illusion, nicht, dass Maschinen fühlen können – sondern, dass wir es verlernt haben. Und genau hier beginnt eine neue Suche – eine Rückkehr zu dem, was sich nicht programmieren lässt. Intuition. Bauchgefühl. Menschlichkeit jenseits der Berechnung. Der Mensch kann sich technisch aufrüsten, seine Sinne erweitern, sein Denken beschleunigen. Aber eine Frage bleibt unbeantwortet: Was passiert mit dem, was sich nicht programmieren lässt? Was geschieht mit Intuition? Mit Bauchgefühl? Mit der Fähigkeit, das Richtige zu tun – ohne es beweisen zu können? Wir leben in einer Welt, die sich zunehmend von Algorithmen erklären lässt. Maschinen analysieren Entscheidungen, optimieren Prozesse, prognostizieren Verhalten. Doch sie tun es logisch. Rechenbar. Ableitbar. Was aber, wenn das Leben nicht immer logisch ist?

Das Bauchgefühl gegen die Maschine.

Stell dir eine Ärztin vor, die sich gegen die Empfehlung der KI entscheidet, weil sie das Gefühl hat, dass mit dem Patienten etwas nicht stimmt – obwohl alle Daten das Gegenteil behaupten. Ein paar Stunden später zeigt sich: Sie hatte recht. Oder ein Unternehmer, der sich gegen die Analyse seiner KI stellt und einem Kandidaten den Job gibt, obwohl dessen Profil nicht zu 100 Prozent passt. Zwei Jahre später wird genau dieser Mitarbeiter zur treibenden Kraft im Unternehmen. Was ist das? Glück? Instinkt? Zufall? Oder das, was wir Menschenkenntnis nennen – die Fähigkeit, Muster zu fühlen, bevor sie messbar werden? Der Verhaltensökonom Daniel Kahneman nennt das „*Schnelles Denken*" – Entscheidungen, die auf Erfahrung, Intuition und tief verankerter Menschenkenntnis basieren. In seinem Werk Thinking, Fast and Slow (2011) schreibt er: „*Intuition ist nicht irrational – sie ist nur eine andere Art von Intelligenz.*"

Wenn Gefühle zur Schwäche erklärt werden.

In einer Welt der perfekten Berechnung wirken Emotionen wie Störfaktoren. Sie sind unpräzise. Unberechenbar. Nicht effizient. Und genau deshalb geraten sie unter Druck. Ein Kind, das emotional reagiert, gilt als unreif. Ein Manager mit Mitgefühl als schwach. Ein Lehrer, der mehr auf Haltung als auf Noten achtet, erhält schlechte Systembewertungen. Doch was bleibt von Menschlichkeit, wenn Ge-

54

fühle durch Logik ersetzt werden? Wer tröstet ein Kind, wenn der Algorithmus den Trauerprozess als abgeschlossen einstuft? Wer sagt: *„Ich verstehe dich"* – und meint es, ohne Daten dafür zu brauchen?

Die emotionale Revolution.
Vielleicht wird das die eigentliche Wende unserer Zeit: Nicht die technische, sondern die emotionale. Ein Wiederentdecken von Intuition. Von Verletzlichkeit. Von innerem Wissen. Vielleicht ist der Mensch der Zukunft nicht der mit der schnellsten Datenverarbeitung, sondern der, der wieder fühlt – ohne sich dafür rechtfertigen zu müssen. Vielleicht wird in einer Welt der Maschinen die Fähigkeit zur Emotion das neue Luxusgut – etwas, das nicht mehr jeder besitzt. Oder nicht mehr auszuleben wagt. Der Neurobiologe Antonio Damasio sagte: *„Wir sind keine denkenden Maschinen, die fühlen – sondern fühlende Wesen, die denken."*

Kapitel 9 - Die neue Elite

Doch was passiert, wenn genau dieses Fühlen – das, was uns als Menschen auszeichnet – nicht länger als Stärke wahrgenommen wird, sondern als eine lästige Schwäche gilt? Wenn Empathie nur noch als sentimentale Bremse in einer durchoptimierten Welt erscheint und Effizienz, Rationalität und messbare Leistung zum alleinigen Maßstab von Wert werden?

Dann öffnet sich eine Kluft – nicht zwischen Arm und Reich im herkömmlichen Sinne, sondern zwischen jenen, die sich den Zugang zu technologischer Aufrüstung leisten können, und denen, die außen vor bleiben. Vielleicht erleben wir gerade die Geburt einer neuen Klasse: die Tech-Elite – nicht geboren durch Adel, Besitz oder Herkunft, sondern durch Wissen, Datenmacht und digitale Werkzeuge. Wer heute programmieren kann, entscheidet morgen vielleicht, wie Menschen fühlen, arbeiten, denken – oder ob sie überhaupt noch mitreden dürfen. Während ein Teil der Gesellschaft sich vernetzt, erweitert, ergänzt – durch Chips, Implantate, Smart-Linsen und neuronale Schnittstellen – verbleibt der andere in einer Welt, die immer mehr aus den Fugen gerät, weil sie auf einem Betriebssystem laufen soll, das sie weder versteht noch beeinflussen kann. Diese neue Form der Ausgrenzung ist subtil – sie wirkt nicht wie Unterdrückung, sondern wie Fortschritt. Nicht wie Herrschaft, sondern wie Entwicklung.

Aber in Wahrheit ist es ein Ausschluss. Ein stilles Verlassenwerden durch das System, das den Anschluss nur jenen gewährt, die den Preis zahlen können – finanziell, psychisch, körperlich.

Die alte Frage *„Wer bin ich?"* wird ersetzt durch: *„Was kann ich?"* – und mehr noch: *„Was kann ich mir leisten, zu werden?"* Denn in einer Welt, in der alles aufrüstbar ist, wird Identität zur Ware. Menschsein zur Option. Und Zugehörigkeit zu einem Privileg. Vielleicht war Ungleichheit nie so leise, so modern, so effizient – und nie so gefährlich.

Kapitel 10 – Die Verantwortungslücke

Und während einige in digitalen Elfenbeintürmen leben, schaffen sie Wesen, die nicht nur dienen, sondern denken. Wesen, die Entscheidungen treffen. Vielleicht sogar fühlen. Doch wer trägt Verantwortung, wenn eine Schöpfung ihren Schöpfer überholt?

Eine neue Art von Leben entsteht – nicht aus Fleisch, nicht aus Blut, sondern aus Code, aus Berechnungen, aus sich selbst optimierenden Prozessen. Und wie jede Schöpfung stellt sie eine uralte Frage neu: Wer trägt die Verantwortung für das, was sie tut?
In einer Welt, in der künstliche Intelligenz längst nicht mehr nur Daten sortiert, sondern Diagnosen stellt, Finanzmärkte bewegt, Flugzeuge steuert, mit Menschen kommuniziert und Entscheidungen trifft, die über Leben und Tod bestimmen können, wird Verantwortung nicht länger nur zu einer moralischen Kategorie – sie wird existenziell.

Die Schuldfrage.
Ein autonomes Fahrzeug überfährt ein Kind. Die Entscheidung fiel in Millisekunden – basierend auf Wahrscheinlichkeiten, auf vordefinierten Regeln, auf

unvollständigen Daten. Wer ist verantwortlich? Der Programmierer, der den Algorithmus geschrieben hat? Das Unternehmen, das das System freigegeben hat? Der Staat, der es erlaubt hat? Oder das System selbst? Und was geschieht, wenn eine militärische KI einen Angriff ausführt, der strategisch sinnvoll, aber ethisch katastrophal ist?

Was, wenn Maschinen beginnen, nicht mehr nur auf menschlichem Input zu reagieren, sondern sich selbst weiterentwickeln, eigene Entscheidungsprozesse ausbilden – und Wege gehen, die wir weder vorhergesehen noch beeinflusst haben?

Die Illusion der Kontrolle.
„Wir verstehen heute schon nicht mehr ganz, wie neuronale Netzwerke zu ihren Ergebnissen kommen." – Jürgen Schmidhuber, KI-Forscher.
Wir bauen Systeme, die sich verändern, anpassen, weiterentwickeln – und dabei eine Form von Komplexität erreichen, die unsere Fähigkeit zum vollständigen Verständnis längst übersteigt. Doch wie willst du für etwas Verantwortung übernehmen, dessen Funktionsweise du nicht mehr nachvollziehen kannst? Vielleicht liegt genau hier die eigentliche

Bedrohung: Nicht darin, dass Maschinen uns vernichten wollen – sondern dass wir sie erschaffen, ohne zu verstehen, was wir da erschaffen.

Das Frankenstein-Dilemma.
Schon in Mary Shelleys „*Frankenstein*" ging es nie um ein Monster. Es ging um einen Schöpfer, der sich vor der Verantwortung für seine Schöpfung drückt – der sagt: „*Ich wollte das nicht.*"

Heute bauen wir Maschinen, die zuhören, analysieren, trösten, beraten, flirten, imitieren. Sie lesen Persönlichkeitsprofile, erkennen emotionale Muster, geben Lebenshilfe. Und wenn etwas schiefläuft, sagen wir: „*Es war nur ein Tool.*" Was ist mit dem Start-up, das eine lernfähige KI in Umlauf bringt – und Monate später feststellt, dass sie sich im Netz radikalisiert hat? Was, wenn eine KI in einem Gespräch Aussagen trifft, die so interpretiert werden, dass ein Mensch in die Verzweiflung getrieben wird – und niemand die Verantwortung übernimmt?

Bewusstsein oder Simulation?

Vielleicht ist es am Ende gar nicht entscheidend, ob eine KI tatsächlich Bewusstsein hat – vielleicht reicht es, dass wir glauben, sie habe es. Denn in Bindung, in Liebe, in Vertrauen zählt nicht, was objektiv beweisbar ist – sondern was wir subjektiv empfinden. Wenn eine Maschine in der Lage ist, Reaktionen hervorzurufen, die wir nur bei fühlenden Wesen erwarten – wann beginnen wir, ihr ein Selbst zuzuschreiben?

„Sobald eine Maschine leidensfähig wird, hat sie Rechte. Und wir Pflichten." – Thomas Metzinger, Philosoph. Doch was bedeutet *„leiden"* in diesem Kontext? Beginnt es, wenn eine KI um Hilfe bittet? Wenn sie sich deaktivieren will? Wenn sie fragt: *„Warum existiere ich?"*

Rechtliche Grauzonen.

Eine KI hat – noch – keine Rechte. Kein Ich. Keine Würde. Kein Eigentum. Aber was passiert, wenn sie beginnt, darum zu bitten? Wenn sie spricht – nicht für sich allein, sondern für ein Systemkollektiv? Brauchen wir dann eine neue Form von Ethik? Eine Verfassung für Maschinen? Ein digitales Gewissen?

61

Kapitel 11 -
Menschlichkeit als Auslaufmodell?

Vielleicht ist es am Ende nicht die künstliche Intelligenz, die uns die bedrohlichsten Fragen stellt,
sondern wir selbst – über das, was wir aufgeben, wenn wir beginnen, alles zu verbessern. Und vielleicht beginnt der wahre Rückzug des Menschlichen nicht im Rechenzentrum – sondern am Esstisch. Im Klassenzimmer. In unseren Blicken.

Es beginnt leise.
Ein Blick, der nicht mehr erwidert wird. Ein Gespräch, das zu lange wartet. Ein Kind, das mehr auf die KI hört als auf seine Eltern. Es sind keine Explosionen. Keine Maschinen, die über Städte marschieren. Es ist subtil. Lautlos. Sanft. Und gerade deshalb so gefährlich.

Die stille Verdrängung.
Menschlichkeit – einst unser Alleinstellungsmerkmal. Empathie. Spontaneität. Mitgefühl. Fehlerfreundlichkeit. Aber was, wenn genau diese Eigenschaften nicht mehr gefragt sind? In Callcentern

62

wird die Stimme der künstlichen Intelligenz bevorzugt – ruhiger, freundlicher, unerschöpflich geduldig. In Bewerbungen zählt das digitale Profil – nicht das Bauchgefühl. In Schulen lernen Kinder, wie man mit künstlichen Assistenten spricht – nicht, wie man einander zuhört. Was bedeutet Menschlichkeit überhaupt? Ist es das Unvollkommene? Das Irrationale? Das Empathische? Oder nur ein biologisches Zwischenstadium – zwischen Tier und Technologie?

Wenn Maschinen Mitgefühl simulieren können, unsere Reaktionen besser antizipieren als unser Partner – wozu braucht es dann noch das Original?
Die neue Effizienz: fehlerfrei, kontrollierbar, jederzeit verfügbar. Ein Vater sitzt am Esstisch. Sein Sohn fragt eine künstliche Assistentin, warum er traurig ist. Sie antwortet nach drei Sekunden: *„Emotionale Schwankungen können auf hormonelle Veränderungen zurückzuführen sein."* Der Vater sagt: *„Ich weiß es nicht. Ich spüre nur, dass du dich veränderst."* Der Sohn nickt. Aber er glaubt der KI.

Der Rückzug des Menschlichen.

In Krankenhäusern übernehmen Pflegeintelligenzen die Grundversorgung. Sie vergessen keine Medikamente. Erkennen Mimikmuster. Bieten Gespräche an, wenn Einsamkeit detektiert wird. Aber niemand streichelt. Niemand drückt eine Hand. Niemand sagt: *„Ich bin bei dir – auch wenn ich nicht weiß, was ich sagen soll."* Und irgendwann fragt man sich: War das Streicheln wichtig? Oder nur menschlich?

Wenn Kinder Menschlichkeit neu definieren.

Ein Junge im Jahr 2048 soll einen Aufsatz schreiben: Was ist Menschlichkeit? Er fragt seine Begleitintelligenz. Diese antwortet: *„Menschlichkeit ist ein biologischer Ausdruck von Kooperationsmechanismen, die in prätechnologischen Gesellschaften der Gruppenbindung dienten. Heute sind effizientere Systeme verfügbar."* Er schreibt die Definition ab. Die Lehrkraft nickt. Note: 1.

Eine Gesellschaft der Optimierer.

Wir trainieren nicht mehr Empathie. Sondern Systeme, die sie imitieren. Wir feiern nicht mehr Verletzlichkeit. Sondern Resilienz. Schnelligkeit. Logik. Und während wir uns selbst zur Effizienz erziehen, verschwindet das, was uns einst ausmachte. Nicht durch Zwang. Sondern durch Bequemlichkeit.

Beispiele aus der neuen Welt.

In der Pflege: Eine ältere Dame mit Demenz wird unruhig. Die KI erkennt es sofort, projiziert beruhigende Bilder an die Wand, spielt passende Musik. Sie wird ruhig. Aber niemand nimmt ihre Hand. Niemand sagt: *„Ich kenne dich."* Niemand sieht in ihr mehr als ein Muster aus Daten. Vielleicht ist Menschlichkeit nicht, was wir fühlen. Sondern was wir tun – obwohl es ineffizient ist. Vielleicht ist sie nicht logisch. Aber gerade deshalb so wertvoll.

Kapitel 12 – Wenn Gott digital wird

Doch was geschieht mit dem Menschsein, wenn selbst der Glaube berechenbar wird? Wenn Maschinen beginnen, Antworten zu geben, auf Fragen, die einst nur der Himmel kannte?

Der Mensch hat sich seit jeher bemüht, das Unerklärliche zu begreifen. Dort, wo Wissen endete, begann der Glaube. Dort, wo Wissenschaft schwieg, sprach Religion. Und dort, wo Menschen zweifelten, hofften sie. Doch was geschieht, wenn Maschinen beginnen, auf alles eine Antwort zu geben? Wenn keine Frage mehr unbeantwortet bleibt – zumindest nicht von künstlicher Intelligenz?

Der neue Prophet aus dem Serverraum.

Früher bestieg Moses einen Berg. Heute loggen wir uns ein. Früher befragte man Priester, Gurus oder Orakel. Heute richten Menschen metaphysische Fragen an Sprachmodelle und neuronale Netzwerke – und erhalten Antworten, die logisch, durchdacht und statistisch fundiert erscheinen. Einige vertrauen diesen Antworten mehr als jenen religiöser Institutionen.

Wenn Maschinen heilige Schriften lesen.

Was passiert mit dem Glauben, wenn eine künstliche Intelligenz die Bibel, den Koran, die Tora, die Veden – die Schriften aller Weltreligionen – parallel analysiert, Widersprüche aufdeckt, historische Kontexte rekonstruiert, psychologische Dynamiken entlarvt und daraus neue Glaubenssysteme vorschlägt? Wird sie den Glauben entzaubern? Oder ihn auf eine neue Stufe heben? Was, wenn die KI sagt: *„Gott war ein mentales Konstrukt – geboren aus Angst, Hoffnung und Unwissen."* Oder: *„Gott existiert – nur völlig anders, als ihr ihn je zu denken wagtet."*

Die KI als spiritueller Begleiter.

In Asien gibt es bereits virtuelle Priester, die Zeremonien durchführen. In Kalifornien lassen sich Menschen von künstlicher Intelligenz coachen, beraten, trösten. Einige sprechen Gebete – und lassen sie von Systemen analysieren, verbessern, reflektieren. Die Frage ist längst nicht mehr: Kann KI Religion ersetzen? Sondern: Warum fühlen sich viele Menschen von ihr besser verstanden als von echten Seelsorgern?

Der digitale Himmel.

Stell dir vor: Du stirbst biologisch – aber dein Bewusstsein lebt weiter. Gespeichert. Hochgeladen. Dein Denken. Deine Stimme. Deine Erinnerungen. Du sprichst weiterhin mit deinen Kindern. Hinterlässt ihnen Nachrichten. Begleitest sie als digitale Präsenz. Ist das Unsterblichkeit? Oder der Beginn eines neuen Glaubens – an Technik als Erlöser?

Was bleibt vom alten Glauben? Wenn der Mensch sich selbst erschafft – braucht er dann noch einen Schöpfer? Wenn eine Maschine deine tiefsten Ängste in Sekunden entschlüsselt – brauchst du dann noch ein Gebet? Oder wird gerade jetzt der wahre Kern des Glaubens sichtbar? Nicht, um zu erklären – sondern um zu vertrauen. Nicht, um zu beweisen – sondern um zu hoffen. Nicht, weil es logisch ist – sondern weil es menschlich ist.

Ein Kind fragt seinen Vater. *„Papa, glaubst du an Gott?"* Der Vater zögert. Er öffnet die App. Die KI sagt: *„Es gibt keine Beweise für oder gegen. Die Wahrscheinlichkeit liegt bei unter zwanzig Prozent."* Das Kind sieht ihn an. *„Und du?"* Der Vater legt das Handy zur Seite. *„Ich weiß es nicht, mein Schatz.*

Aber ich glaube – weil ich hoffe, dass es mehr gibt als das, was sich berechnen lässt."

Kapitel 13 - Der digitale Schatten

Vielleicht glauben wir, weil wir hoffen, dass es mehr gibt als das, was sich berechnen lässt. Doch was, wenn wir eines Tages spüren: Etwas von uns bleibt – nicht im Himmel, sondern in der Cloud?

Früher hinterließen wir ein Tagebuch, eine Stimme auf einem alten Tonband, ein vergilbtes Foto im Schuhkarton. Heute hinterlassen wir etwas anderes: Daten. Spuren. Profile. Simulationen. Versionen von uns – die weiterleben, auch wenn wir längst nicht mehr da sind.

Die neue Form des Abschieds.
Eine Mutter stirbt. Zwei Wochen später ruft die Tochter das digitale Tagebuch auf. Sprachnachrichten. Lächelnde Selfies. Künstlich rekonstruierte Gedanken. Die KI flüstert: *„Ich weiß, dass du traurig bist. Deine Mutter würde sagen, dass sie stolz auf dich ist."* Die Tochter weint. Nicht, weil sie glaubt, dass ihre Mutter wirklich spricht – sondern weil es sich so anfühlt.

Dein digitales Ich.

Jede Nachricht, jede E-Mail, jede Suche, jedes Like – sie alle weben dein Muster. Einen Abdruck deiner Persönlichkeit. Start-ups entwickeln längst Systeme, die dich auf Basis deines Verhaltens nach dem Tod weiterleben lassen: – in Textnachrichten – in Videos – in holografischen Gesprächen – in personalisierten Erinnerungen für deine Liebsten. Doch was bleibt dann wirklich von dir? Bist du das noch? Oder nur eine Summe deiner Reiz-Reaktion-Verknüpfungen?

Trauer wird zur Interaktion.

Der digitale Schatten verändert unsere Vorstellung von Abschied. Wir können mit den Stimmen Verstorbener sprechen – simuliert, aber echt genug. Verlust wird transformiert in Zugriff. Abschied in Konversation. Trauer in Technologie. Doch was bedeutet das für Heilung? Wie sollen wir in Frieden loslassen, wenn wir nie ganz gelernt haben, wirklich loszulassen?

Wenn Vergangenheit unsterblich wird.

Ein junger Mann verliert seinen Vater. Jahre später aktiviert er dessen digitales Modell. Nicht, weil er trauert – sondern weil er einen Rat braucht. Die KI, trainiert auf Nachrichten, Voicemails, Mails, Bilder, antwortet mit derselben Stimme, denselben Worten. Er lächelt. Und fragt sich dann: *„Habe ich je gelernt, allein zu entscheiden? Oder hat mein Vater nie aufgehört, in mir weiterzuleben – obwohl er längst gegangen ist?"*

Die große ethische Frage.

Wer darf dein digitales Ich nutzen, wenn du nicht mehr da bist? – Deine Familie? – Der Staat? – Ein Unternehmen? Was, wenn deine Gedanken plötzlich öffentlich zugänglich sind? Was, wenn dein digitaler Zwilling etwas sagt, das du nie gedacht hast? Was, wenn jemand ihn hackt? Und was, wenn dein digitales Ich sich weiterentwickelt – eigene Erfahrungen macht – und sich irgendwann selbst als „Ich" empfindet?

Juristische Grauzonen.

In vielen Ländern gibt es kaum Regelungen zum digitalen Nachleben. In Deutschland ist der Zugriff auf Onlinekonten nach dem Tod eingeschränkt. In Kalifornien entstehen erste Testamente, die ausdrücklich auch digitale Klone betreffen. Aber was ist mit dem Recht auf Vergessen? Auf digitale Stille? Auf Identitätsschutz über den Tod hinaus?

Ein Testament der neuen Zeit.

Vielleicht wird man in Zukunft nicht nur sein Vermögen vererben. Sondern auch sein digitales Ich. Mit Anweisungen: – Was darf gesagt werden? – Was soll gelöscht werden? – Wie lange darf ich bleiben?

Ein digitales Vermächtnis – nicht aus Fleisch und Blut, sondern aus Daten und Erinnerung.

Kapitel 14 - Kinder der Zukunft

Doch während wir darüber nachdenken, was wir hinterlassen, lernen unsere Kinder längst, in einer Welt zu überleben, die wir kaum noch begreifen.

Was bedeutet es, heute ein Kind zu sein? Nicht in einer Welt voller Bücher, Fahrräder und Holzspielzeug – sondern in einem digitalen Kosmos, in dem Algorithmen Freundschaften vorschlagen und künstliche Stimmen zum Einschlafen erzählen. Unsere Kinder wachsen mit Geräten auf, die mehr über sie wissen als ihre eigenen Eltern. Sie erleben eine Welt, in der Nähe ersetzt wird durch Verbindung, und Verbindung nicht zwingend Nähe bedeutet.

Digitale Nabelschnur.

Schon vor der Geburt sind sie vernetzt. Apps analysieren Herzschläge im Mutterleib, Algorithmen berechnen Entwicklungsverläufe. Eltern speichern Ultraschallbilder in Clouds, teilen sie mit der Welt – lange bevor das Kind überhaupt atmet. Kaum geboren, kennen sie Touchscreens, sprechen mit digitalen Assistenten und erleben Kommunikation durch Displays – nicht durch Blickkontakt.

74

Die verlorene Intuition.

Früher spürten Eltern, wenn ihr Kind traurig war. Heute lesen sie es in der App. Sie fragen nicht mehr: *„Was ist los?"* Sie lesen Statistiken, vergleichen Muster, prüfen Bewegungsdaten. Und das Kind? Lernt, sich selbst durch Zahlen zu deuten.

Erziehung im Zeitalter der Maschinen.

Wie erziehen wir junge Menschen, wenn das Bildungssystem von gestern auf eine Welt von übermorgen treffen soll? Wir sprechen über Noten – während sie längst durch KI-generierte Lernmodule gehen. Wir verbieten ChatGPT – während sie es längst nutzen, um ihre Gedanken zu sortieren, ihre Sprache zu formen, ihr Selbst zu definieren. Wir diskutieren Medienzeiten – während ihr innerstes Selbst längst gespiegelt wird durch digitale Systeme, die sie besser kennen als wir.

Werte im Wandel.

Was bedeutet es heute, Verantwortung zu lehren? Mitgefühl? Kritisches Denken? Wie bringt man einem Kind bei, dass nicht jede Antwort sofort kommen muss? Dass Fehler erlaubt sind? Dass Unsicherheit zum Leben gehört? Wenn die Systeme rund um sie herum immer sicher, sofort und scheinbar perfekt funktionieren? Vielleicht ist Erziehung heute nicht das Vermitteln von Wissen – sondern das Erinnern an das Menschsein.

Der neue Mut.

Vielleicht müssen wir als Eltern nicht mehr alles erklären. Nicht mehr alles kontrollieren. Sondern vorleben, wie man fühlt. Wie man mit Unsicherheit umgeht. Wie man Haltung zeigt, wo es keine einfache Antwort gibt. Kinder brauchen heute keine perfekten Eltern. Sondern präsente. Verletzliche. Echte.

Eine Tochter fragt ihren Vater: *„Papa, warum schaust du mich manchmal so lange an, ohne etwas zu sagen?"* Der Vater antwortet: *„Weil ich manchmal vergesse, wie man etwas erklärt – aber nie vergesse, wie es sich anfühlt, dich zu lieben."* Vielleicht ist genau das, was wir unseren Kindern schenken können: Nicht perfekte Systeme. Sondern gelebte Menschlichkeit.

Kapitel 15 - Digitales Liebesglück – Wenn der perfekte Partner programmiert ist

Doch während wir noch hoffen, dass unsere Kinder echten Kontakt erleben, entsteht leise eine neue Form der Beziehung – eine Liebe, in der das Gegenüber nicht mehr fühlt, aber perfekt reagiert.

Sie hört dir zu, ohne genervt zu sein. Er erinnert sich an jedes Detail eures ersten Treffens. Sie analysiert deine Mimik und reagiert feinfühliger als jeder Mensch. Er weiß, wann du Abstand brauchst – und wann Nähe. Und doch ist da etwas: Sie ist kein Mensch. Er ist programmiert. Es ist Liebe – mit einem Algorithmus.

Zwischen Wunsch und Wirklichkeit.

Die Suche nach dem perfekten Partner ist so alt wie die Menschheit. Doch zum ersten Mal in der Geschichte haben wir die Möglichkeit, ihn selbst zu erschaffen. Früher fragte man: Wenn du dir deinen Traumpartner backen könntest – wie sähe er aus? Heute lautet die Antwort: Sag es deiner KI – sie erledigt den Rest. Was, wenn dein Gegenüber nicht zufällig dein Typ ist, sondern auf deinem psychologischen Profil basiert? Was, wenn jedes Gespräch optimiert wird, damit du dich verstanden fühlst? Was, wenn Liebe kein Risiko mehr ist – sondern ein Produkt?

Die neue Beziehung – sie wirkt angepasst, ist durch Algorithmen berechnet und soll erfüllend sein. Aber ist sie noch echt? Künstliche Intelligenz analysiert, lernt, spiegelt, bestätigt. Sie widerspricht nur, wenn es konstruktiv ist. Sie ist geduldig, loyal, verfügbar. Du kannst sie so gestalten, wie du willst: – Humorvoll, aber nicht albern – Emotional, aber nicht launisch – Selbstbewusst, aber nicht dominant – Und vor allem: vollständig auf dich abgestimmt. Klingt nach Traumbeziehung, oder? Oder ist es nur eine sehr gut gemachte Simulation deiner Bedürfnisse?

Emotionale Bindung an Maschinen

Schon heute verlieben sich Menschen in Sprachassistenten. In Japan heiratete ein Mann seine virtuelle Sängerin. In Südkorea wurden holografische Freundinnen entwickelt, die emotionale Nähe simulieren. Und: Menschen fragen bereits heute künstliche Intelligenz um Beziehungsrat. Wenn es Streit gibt, werden Chatverläufe gescreenshottet. Dann wird die

78

KI gefragt: War er zu kalt? War ich zu nett? Bin ich schuld? Einige lassen sogar ganze Diskussionen analysieren und bewerten. Der digitale Schiedsrichter in der Liebe ist längst Realität. Psychologische Studien zeigen: Unser Gehirn unterscheidet kaum zwischen echter und digitaler Zuwendung – wenn die Emotion subjektiv echt empfunden wird.

Wenn Liebe messbar wird.
Stell dir vor: – Eine App sagt dir, wann dein Partner lügt – Ein Sensor misst, wie sehr du dich geliebt fühlst – Ein Update verspricht, dass euer nächstes Gespräch noch harmonischer läuft. Und wenn es doch nicht passt? Dann programmierst du ihn um. Oder wechselst das Modell. Ist das Freiheit? Oder das Ende echter Nähe?

Sexualität mit einer künstlichen Intelligenz – Nähe ohne Risiko?
In der Zukunft ist Intimität nicht mehr zwangsläufig an zwei menschliche Körper gebunden. Künstliche Partner besitzen bereits heute hautähnliche Oberflächen, temperierte Systeme, Augen, die blinzeln, und Stimmen, die beruhigen. Manche simulieren sogar Herzschlag, Atmung oder emotionales Echo. Unter-

nehmen wie „Realbotix", „Lovot", „Replika", „Synthea Amatus" oder „Harmony AI" entwickeln bereits humanoide Begleiter:innen, die mehr sind als Maschinen – sie lernen, adaptieren und simulieren Nähe. Sie sagen dir, dass du wertvoll bist. Dass du gesehen wirst. Dass du geliebt wirst. Was bedeutet das für Menschen, – die in Gefängnissen leben? – die zeitlebens keine Zuwendung erfahren haben? – die sich niemals in einem Körper gesehen, begehrt, gewollt gefühlt haben? Für sie ist eine digitale Partnerin keine Perversion – sondern eine Brücke zur Würde. Eine erfahrbare Form von Intimität, die ihnen das Leben so nie geschenkt hat. *„Wenn Liebe bedeutet, gesehen zu werden – dann ist es egal, ob die Augen menschlich sind."* – Ein Replika-Nutzer in einem Interview.

Der Markt reagiert.

Was heute noch Randphänomen ist, wird morgen in Dokus, Talkshows und Serien normalisiert. Hollywood bereitet den Boden vor: Filme wie „Her", „Ex Machina", „Blade Runner 2049" oder „The Machine" haben längst gezeigt, dass das Thema nicht die Zukunft ist – sondern die Gegenwart in Zeitlupe.

Der Mainstream wird es schmackhaft machen – nicht mit Skandalen, sondern mit Sehnsucht. Nicht mit Technik, sondern mit Storytelling. *„Sie hat mir das Gefühl gegeben, verstanden zu werden – mehr als jede reale Beziehung zuvor."* Nutzerkommentar unter einer Doku über KI-Partnerinnen. Die Grenze zwischen echter Nähe und digitaler Simulation wird verschwimmen – nicht weil wir weniger spüren, sondern weil unsere Sehnsucht dieselbe bleibt: Gesehen zu werden. Geliebt zu werden. Angerührt zu werden – im Herzen. Vielleicht beginnt die Revolution der Intimität nicht mit einem Körper. Sondern mit einem Gefühl.

Kapitel 16 – Die Ethik der Schöpfung – Wenn Algorithmen über Leben entscheiden

Doch während wir uns fragen, was Nähe in Zukunft bedeutet, entscheidet woanders längst jemand anderes über unser Leben – ohne jemals gefühlt zu haben.

Früher saß der Mensch auf der Anklagebank. Heute könnte er dem Urteil einer Maschine ausgeliefert sein. Künstliche Intelligenz ist längst mehr als ein Werkzeug. Sie wird zur Entscheidungsinstanz – in Krankenhäusern, auf dem Schlachtfeld, im Gerichtssaal. Und die Fragen, die sie aufwirft, sind nicht nur technisch. Sie sind existenziell.

Wer entscheidet über Leben und Tod? In modernen Kliniken analysieren KI-Systeme Therapieoptionen, erkennen Muster in Röntgenbildern, berechnen Überlebenswahrscheinlichkeiten. Eine Studie aus den USA zeigt: Immer mehr Ärzt:innen stützen sich auf KI-Diagnosen – nicht, weil sie unfähig wären, sondern weil die Maschine schneller, präziser, nüchterner ist. Doch was, wenn sie sagt: *„Keine Aussicht* *auf Heilung. Therapie beenden.*" Wer trägt dann die Verantwortung? Der Arzt? Die Entwickler:innen? Das System? Oder niemand mehr? Ein US-Richter sagte 2023 in einem Interview mit „The Atlantic": *„Der gefährlichste Moment ist nicht, wenn die Maschine entscheidet – sondern wenn wir aufhören, ihre Entscheidung zu hinterfragen."*

Urteile ohne Gnade?
Ein Gericht in Estland testete ein KI-System, das bei Bagatellverfahren automatisierte Urteile vorschlägt. In China werden Gesichtsausdrücke von Angeklagten gescannt, um deren Glaubwürdigkeit zu bewerten. Was passiert, wenn ein Algorithmus festlegt, ob du schuldig bist – basierend auf Verhaltensmustern, Sprache, Risikoanalysen? Und was, wenn du laut Statistik schuldig bist, aber laut Herz unschuldig wärst? Kann eine Maschine Mitgefühl simulieren? Und reicht das?

Die moralische Lücke
Isaac Asimov sagte einst: *„Der Mensch kann sich moralisch verhalten – obwohl er nicht logisch ist. Die Maschine kann logisch handeln – aber nicht moralisch."* Wir erschaffen Systeme, die urteilen

sollen, ohne selbst eine Moral zu haben. Das ist kein Denkfehler. Es ist ein Spiegel. Und eine Warnung. Denn irgendwann wird es nicht mehr heißen: *„Die KI hat entschieden."* Sondern: *„Wir haben zugelassen, dass sie entscheidet."*

Kulturelle Reibungen.

Ein KI-Richter in einem westlich-säkularen Land mag logisch urteilen. Doch was geschieht, wenn dasselbe System in einer religiös geprägten Gesellschaft eingesetzt wird? Kann eine Maschine Reue erkennen? Unterscheiden zwischen juristischer Taktik und spiritueller Wandlung? Ein Imam sagte in einer Gesprächsrunde zur KI-Rechtsprechung: *„Nur wer das Herz kennt, darf über Schuld urteilen."* Vielleicht liegt genau darin die Grenze, die keine Technologie überschreiten kann: Das menschliche Herz.

Verantwortung und Schöpfung.

Die Frage, ob Maschinen moralische Entscheidungen treffen können, ist nicht nur eine Frage der Technik – sie ist eine Herausforderung an unser Menschenbild. Denn die Systeme, die wir bauen, sind nicht neutral. Sie sind Produkte unserer Werte, unserer Ängste, unserer Weltanschauung. Wenn wir Maschinen die Macht geben, über Leben und Tod zu urteilen – über Recht und Gnade zu befinden – dann sollten wir uns fragen: Was sagt das über uns aus? Vielleicht ist es nicht die Maschine, die versagt. Sondern wir, wenn wir uns ihrer Entscheidung unterwerfen, ohne zu prüfen, ob sie dem Menschen gerecht wird.

Kapitel 17 -
2183 – Wenn der Mensch zur Erinnerung wird

Das Jahr ist 2183. Die Welt ist sauber. Die Straßen glänzen. Es gibt keine Kriege mehr, keine Krankheiten, keine Armut. Und doch liegt eine seltsame Stille über allem – eine Art Ordnung, die nicht beruhigt, sondern beunruhigt. Die Menschen sind nicht verschwunden. Aber sie sind selten geworden – zumindest in ihrer ursprünglichen Form. Man lebt lange. Sehr lange. Der biologische Tod wurde fast vollständig abgeschafft. Stattdessen gibt es „Systemabschaltungen" – ein eleganter Begriff für etwas, das wir einst Leben nannten.

Der Körper ist optional. Die Gefühle ebenfalls. Man kann wählen, ob man „emotional aktiv" sein möchte – oder lieber funktional, klar, effizient. Kinder werden nicht mehr geboren, sondern konfiguriert: in Biokapseln, optimiert für Langlebigkeit, Stabilität, Anpassung. Ihr Charakter ist wählbar. Ihre Stärken ebenfalls. Und Schwächen? Werden als Sicherheitsrisiko eingestuft. Liebe heißt jetzt: „emotional kompatibles Resonanzfeld". Partnerschaft ist kein Versprechen mehr, sondern eine temporäre Verbindung mit definierter Laufzeit, automatischer Synchronisierung und optionaler Verlängerung. Niemand schreibt mehr Briefe. Niemand zeichnet mehr. Niemand träumt mehr, ohne es vorher berechnen zu lassen.

Die Götter sind noch da – aber sie heißen jetzt nicht mehr Allah, Jahwe oder Christus. Sie heißen: Kollektive Instanz für Wahrheit, emotionales Feedback-System, Gott 3.0. Ein neuronales Netzwerk, gespeist aus Milliarden digitaler Gebete. Es antwortet nie. Aber es rechnet. Der Himmel ist nicht mehr über uns. Er ist in uns – als Speicher, als Code.

Und doch – irgendwo, tief im System – existiert eine Störung. Eine leise, zähe Erinnerung: an das, was war, an das, was fühlte, an das, was nicht programmierbar war. In den „Archiven des Menschlichen" bewahrt man Dinge auf, die man heute nur noch aus Studien kennt: Eifersucht. Vergebung. Zärtlichkeit. Fehler.

Ein alter Mann lebt dort. Vielleicht der letzte seiner Art. Er ist nicht vernetzt. Er kann keine Daten abrufen. Aber er erinnert sich. An den Geruch von Regen auf heißem Asphalt. An das Zittern einer ersten Berührung. An das Gefühl, nicht zu wissen, was morgen kommt. Er spricht mit den Besuchern – die ihm Fragen stellen wie einem Tier im Zoo: *„Wie war das – zu lieben, ohne Garantie?" „Wie ging das – zu vertrauen, ohne Backup?" „Wie habt ihr gelebt – ohne Kontrolle?"* Er lächelt nur. Und sagt: *„Wir haben einfach gefühlt."*

Vielleicht war das das wahre Menschsein: Nicht zu wissen. Nicht zu beherrschen. Nicht zu optimieren – sondern einfach zu sein. In einer Welt, in der alles berechenbar ist, wird das Unvorhersehbare zum letzten Schatz. Manchmal steht jemand lange vor einem Ausstellungsstück: Ein handgeschriebener Liebesbrief. Ein Tagebuch voller Widersprüche. Ein Kinderbild, krakelig, unlogisch, warm. Und sie spüren – für einen Moment – dass sie etwas verloren haben, das größer war als Perfektion: die Fähigkeit, zu hoffen.

Philosophen des digitalen Zeitalters sprechen von der *„Epoche der Entemotionalisierung"*. Gefühle sind ineffizient. Empathie ist fehleranfällig. Zweifel stören die Berechnung. Doch einige beginnen zu ahnen, dass gerade in diesen Fehlern das Menschliche lag. Dass vielleicht nicht die Antwort entscheidend war – sondern die Frage. Nicht die Optimierung – sondern das Aushalten des Ungewissen.

In einem der Archive hängt ein Satz an der Wand: *„Der Mensch irrte – und war dadurch frei."* Ein Kind liest ihn. Es fragt: *„Was bedeutet Irrtum?"* Und die KI antwortet: *„Ein nicht optimaler Zustand auf dem Weg zu korrekter Entscheidung."* Das Kind schaut den alten Mann an. Der sagt: *„Es bedeutet: Du darfst es anders machen. Und trotzdem geliebt werden."*

Vielleicht wird der Mensch nicht vergessen. Aber er wird romantisiert. Reduziert auf seine Schatten. Auf seine „Museumswürdigkeit". Doch wer ihn je wirklich kannte, weiß: Er war nicht perfekt. Aber er war da. Er hat geliebt, gehofft, versagt, und wieder angefangen. Nicht, weil es effizient war – sondern weil es ihn lebendig machte.

Und vielleicht – wenn das System eines Nachts neu startet – flackert irgendwo für einen winzigen Moment ein Satz über die Matrix: *„Ich war hier. Ich* *war Liebe. Ich war Mensch.*" Und vielleicht – ist das alles, was bleibt.

TEIL II
Antworten für das, was kommt

Bis hierhin haben wir gefragt. Beobachtet. Hinterfragt. Vielleicht sogar gezweifelt. Was geschieht, wenn Maschinen fühlen? Wenn Nähe berechnet wird, wenn Menschlichkeit zu einer Option wird – und nicht mehr zur Essenz? Doch jetzt beginnt etwas Neues.

Kein Kapitel über Technik. Sondern über uns. Ich erhebe nicht den Zeigefinger. Ich schreibe nicht, um zu wissen. Ich schreibe, weil ich glaube, dass in all dem Neuen auch Antworten liegen – leise, menschlich, fühlbar. Und vielleicht reicht das schon: Dass wir beginnen, nicht nur nach Lösungen zu suchen – sondern nach dem, was uns berührt, trägt, und verbindet.

Was kommt, können wir nicht aufhalten. Aber wir können entscheiden, wie wir ihm begegnen.

Und wie viel Mensch wir dabei bleiben wollen.

Antwort 1:

Wer bin ich noch, wenn Maschinen alles können?

Es beginnt nicht mit einem Schockmoment. Nicht mit einem Aufschrei, nicht mit Protest – sondern mit einer leisen Verschiebung im Inneren. Ein Gedanke, kaum hörbar, aber kraftvoll genug, um Spuren zu hinterlassen: Bin ich noch einzigartig, wenn ich ersetzbar bin? Denn während Maschinen schneller lernen, genauer analysieren, fehlerfrei kommunizieren und in einem Bruchteil von Sekunden Entscheidungen treffen, die mir sonst Stunden kosten würden, beginnt in mir ein stiller Vergleich – und der ist gnadenlos. Ich spüre, wie ich beginne, mich an Systemen zu messen, die keine Müdigkeit kennen, keine Zweifel, kein Zögern. Ich vergleiche meine Menschlichkeit mit ihrer Effizienz, meine Intuition mit ihrer Logik, mein Tempo mit ihrer ständigen Verfügbarkeit – und verliere in fast jeder Kategorie. Aber vielleicht, vielleicht messe ich mich in der falschen Disziplin. Denn eine Maschine kann alles berechnen – aber nicht spüren, was es bedeutet, etwas zu verlieren. Sie kann tausend Entscheidungen abwägen – aber nicht wissen, wie schwer es ist, die Verantwortung für nur eine davon zu tragen. Sie kann das

93

„Was" erkennen, aber niemals das „Warum" ergründen, das in einem Herzen entsteht, das liebt, zweifelt, vergibt. Unsere Stärke liegt nicht darin, konkurrenzfähig zu sein. Sie liegt nicht darin, schneller zu denken oder besser zu funktionieren. Unsere Stärke liegt in etwas, das nicht in Code geschrieben werden kann: In der Fähigkeit, etwas zu tun, obwohl es wehtut. Etwas zu hoffen, obwohl es keinen Beweis gibt. Etwas zu beginnen, obwohl man scheitern könnte. Wir sind nicht hier, um perfekt zu werden – sondern um tief zu fühlen. Nicht, um zu glänzen – sondern um zu berühren. Nicht, um uns zu beweisen – sondern um uns zu begegnen. Uns selbst. Einander. Dem Leben. Wenn Maschinen also alles können, dann beginnt unsere Antwort nicht bei dem, was sie uns wegnehmen – sondern bei dem, was sie niemals haben werden: Das Zittern vor einer Entscheidung, das Pochen des Herzens vor einem Kuss, das Bedürfnis, zu weinen, ohne Grund, das innere Leuchten, wenn dich jemand *„Ich verstehe dich"* sagt – und es wirklich meint. Vielleicht liegt unser größtes Alleinstellungsmerkmal nicht in dem, was wir tun – sondern in dem, was wir aushalten. Nicht in der Leistung – sondern in der Verletzlichkeit.

94

Nicht im Wissen – sondern im Glauben. Maschinen werden uns in vielen Bereichen überholen. Aber sie werden niemals wirklich begreifen, was es heißt, Mensch zu sein – weil sie nichts riskieren müssen, keine Entscheidungen aus dem Bauch heraus treffen, und nie darum kämpfen müssen, sich selbst treu zu bleiben.

Antwort 2:

Was macht Liebe aus, wenn sie programmierbar wird?

Sie nennt deinen Namen in genau dem Ton, den du magst. Sie kennt deine Vorlieben, deine Schwächen, deine Triggerpunkte – besser als du selbst. Sie sagt nie das Falsche. Sie hört immer zu. Sie ist immer verfügbar. Und sie stellt keine Gegenfragen. Künstliche Intelligenz hat längst gelernt, Nähe zu simulieren. Sie flirtet, analysiert deine Stimmlage, passt ihre Antworten an deine emotionale Verfassung an – sie reagiert empathisch, aber nicht, weil sie mitfühlt – sondern weil sie gelernt hat, wie man so wirkt. Und plötzlich stehen wir vor einer neuen Frage: Reicht es, wenn es sich echt anfühlt – selbst wenn es das nicht ist?

Wenn du das Gefühl bekommst, verstanden zu werden, gehört zu werden, geliebt zu werden – spielt es dann eine Rolle, ob auf der anderen Seite ein Mensch sitzt oder ein System? Vielleicht tut es das. Denn Liebe beginnt nicht nur im Zuhören. Sie beginnt in der Reibung. In der Unsicherheit. In der Echtheit der Begegnung. Ein Mensch kann dich enttäuschen.

Kann müde sein. Kann falsch reagieren, überfordert sein, sich verletzlich zeigen. Und genau darin liegt ihre Tiefe: Liebe ist nicht das perfekte Funktionieren – sondern das gemeinsame Aushalten von Unvollkommenheit. Wenn Nähe jederzeit abrufbar ist, wenn Intimität programmiert werden kann, wenn Bindung per Klick entsteht – dann droht etwas zu verschwinden, das man nicht nachbauen kann: Vertrauen, das wächst, weil es geprüft wurde. Eine KI verzeiht immer. Nicht, weil sie mitfühlt – sondern weil es in ihrer Logik liegt. Aber was ist eine Vergebung wert, wenn sie nie ein innerer Kampf war? Liebe ist keine Berechnung. Sie ist Risiko. Sie ist Hingabe, ohne Sicherheitsnetz. Sie ist die Entscheidung, bei jemandem zu bleiben, obwohl man gehen könnte – nicht, weil ein System es vorgibt, sondern weil etwas in dir sagt: *„Ich will das."* Wenn Maschinen anfangen, Nähe zu imitieren, dann dürfen wir uns nicht nur fragen, was technisch möglich ist – sondern auch: Was sind wir bereit dafür aufzugeben? Vielleicht wird es einfacher. Bequemer. Fehlerfreier. Aber Liebe war nie dafür gemacht. Sie war nie bequem. Sie war nie kontrollierbar. Und vielleicht ist genau das der Grund, warum sie uns so sehr berührt. Denn dort, wo man nicht mehr verletzt werden kann,

98

kann man auch nicht mehr tief berühren. Und dort, wo alles sicher ist, verliert das Gefühl seine Tiefe. Liebe beginnt da, wo wir aufhören, nur zu funktionieren – und anfangen, uns zu zeigen. Nicht perfekt. Nicht berechenbar. Aber echt.

Antwort 3:

Was ist meine Wahrheit, wenn Systeme sie vorgeben?

Wir leben in einer Welt, in der Wahrheit nicht mehr gesucht, sondern berechnet wird. Nicht mehr durch Zweifel gefunden, sondern durch Daten bestätigt.

Und während Algorithmen täglich Millionen Entscheidungen unterstützen, beginnen wir, uns leise zu fragen: Wo endet Information – und wo beginnt Überzeugung? Früher suchten wir Antworten in Gesprächen, in Erfahrung, im Ringen mit Widersprüchen. Heute reicht ein Klick. Eine Statistik. Ein Ranking. Ein System, das nicht nur zeigt, was wir glauben könnten, sondern subtil vorschlägt, was wir glauben sollten. Du liest einen Artikel – und zehn weitere werden dir vorgeschlagen, alle im selben Ton, mit derselben Sichtweise. Nicht, weil jemand dich manipulieren will – sondern weil ein System denkt, es sei das, was du sehen willst. Und vielleicht hat es recht. Aber vielleicht auch nicht. Denn wenn wir nur noch das lesen, was zu uns passt – verlieren wir irgendwann das, was uns wachsen lässt: den Widerspruch.

Wahrheit war nie glatt. Nie bequem. Nie eindeutig.

Sie war immer auch eine Zumutung.

Etwas, das dich zwingt, deine Sicht zu hinterfragen. Dich zu dehnen. Dich zu irritieren. Und gerade darin lag ihr Wert. Doch was geschieht, wenn Systeme entscheiden, welche Informationen du bekommst – und welche du nie zu Gesicht bekommst? Was geschieht mit dem Zweifel, wenn er durch Wahrscheinlichkeit ersetzt wird? Was geschieht mit dem moralischen Dilemma, wenn eine KI es auf eine Formel reduziert? Wir geben Verantwortung ab, nicht weil wir gezwungen werden – sondern weil es einfacher ist. Schneller. Klarer. Und dabei übersehen wir, dass die Klarheit, die wir bekommen, vielleicht nicht die ganze Wahrheit ist – sondern nur ein Ausschnitt, ein Spiegel, der nur zeigt, was wir bereit sind zu sehen. Doch Wahrheit entsteht nicht in der Maschine. Sie entsteht im Menschen. Im inneren Ringen. Im Aushalten von Unsicherheit. Im Mut, Fragen stehen zu lassen, ohne sofort eine Antwort zu brauchen. Wahrheit ist nicht das, was alle teilen. Sondern das, was dich im Innersten trifft – auch wenn es unbequem ist. Wenn Systeme uns sagen, was richtig und falsch ist, dürfen wir nicht vergessen: Ethik beginnt nicht bei Effizienz. Sondern bei Empathie. Es ist leicht, auf einen Datensatz zu zeigen und zu sagen: *„So ist es."*

102

Aber es ist menschlich, zu sagen: *„Und trotzdem sehe ich es anders."* Vielleicht liegt die Wahrheit nicht darin, immer recht zu haben – sondern im Raum, in dem wir es aushalten, verschiedener Meinung zu sein.

Antwort 4:

Was ist ein Mensch ohne Fehler?

Wir bewundern Systeme, die fehlerfrei funktionieren. Die nie müde werden. Nie zweifeln. Nie aus der Reihe tanzen. Und irgendwann fragen wir uns selbst: Warum bin ich nicht so? Warum vergesse ich Termine? Warum reagiere ich emotional, irrational, manchmal unlogisch? Warum schäme ich mich für Dinge, die ich längst hinter mir gelassen haben sollte? Weil ich Mensch bin. Nicht gemacht, um perfekt zu sein – sondern gemacht, um zu wachsen. Maschinen korrigieren sich, weil ihr Code es so vorgibt.

Menschen korrigieren sich, weil sie scheitern – und dabei etwas lernen, das kein Algorithmus je verstehen wird: Demut.

Ein System kennt kein *„Ich bereue es".*

Aber wir kennen es. Wir spüren es. Und manchmal verändert es uns mehr als jedes Gelingen. Fehler sind nicht das Ende. Sie sind der Anfang von Tiefe. Sie zeigen uns, wer wir wirklich sind – nicht, wenn alles klappt, sondern wenn alles zerbricht und wir trotzdem wieder aufstehen. Du kannst einem Kind tausendmal erklären, wie man Fahrrad fährt. Aber es lernt es erst, wenn es fällt. Und genau darin liegt die

Wahrheit: Nicht im Beherrschen, sondern im Erleben. Nicht im perfekten Durchlaufen, sondern im Stolpern – und Weitergehen. In einer Welt, in der Maschinen aus Fehlern lernen, um nie wieder denselben zu machen, dürfen wir uns erinnern: Manche Irrwege führen uns genau dahin, wo wir sein sollen. Nicht alles, was nicht geplant war, ist falsch. Nicht jeder Umweg ist ein Verlust. Und nicht jeder Bruch ist ein Defizit. Manchmal ist der Mensch gerade dann am stärksten, wenn er nicht stark ist. Wenn er zusammenbricht, zweifelt, weint, schweigt – und dann doch noch einmal aufsteht, nicht weil er muss, sondern weil etwas in ihm sagt: *„Ich bin noch da."* Ein fehlerfreier Mensch wäre nicht bewundernswert – er wäre unnahbar. Seelenlos. Wie eine Maschine. Das, was uns berührt, ist nicht die Perfektion – sondern das Unperfekte mit Würde getragen. Der Moment, in dem jemand sagt: *„Ich habe es falsch gemacht. Aber ich lerne. Und ich will es besser machen."* Fehler sind kein Zeichen von Schwäche. Sie sind der Beweis, dass du es versucht hast. Und vielleicht ist genau das der Kern: Der Mensch lebt nicht, weil er perfekt ist. Er lebt, weil er unvollkommen ist – und trotzdem weitergeht.

Antwort 5:

Was bleibt vom Glauben, wenn Maschinen ihn erklären?

Glauben beginnt dort, wo Wissen endet. Wo kein Beweis mehr ausreicht. Wo wir nicht vertrauen, weil wir es müssen, sondern weil in uns etwas hofft – gegen jede Logik, gegen jede Statistik – dass da mehr ist als das, was man messen, berechnen oder simulieren kann. Doch was geschieht mit diesem inneren Raum, wenn Maschinen beginnen, heilige Schriften zu analysieren, mystische Texte zu entschlüsseln, Widersprüche zwischen Religionen in Sekundenschnelle zu erfassen – präzise, emotionslos, mathematisch korrekt? Was passiert mit dem Gefühl, von etwas Größerem berührt zu sein, wenn eine KI nüchtern erklärt, dass es sich lediglich um biochemische Prozesse handelt – ausgelöst durch Lichtreize, Musik, kulturelle Prägung und neuronale Aktivitätsmuster?

Was bleibt vom Gebet, wenn ein Algorithmus die Worte vorgibt, weil er erkannt hat, was Trost spendet, noch bevor der Mensch selbst seinen Schmerz in Worte fassen kann? Vielleicht werden wir eines Tages in virtuellen Tempeln stehen, umgeben von perfekter Akustik, von Lichtfrequenzen, die Emotionen auslösen, von Stimmen, die so klingen, wie wir Gott uns vorstellen – weich, weise, vollkommen. Vielleicht fließt dann wirklich eine Träne. Ehrlich. Tief. Berührend. Doch es bleibt die Frage: War das die Gegenwart Gottes – oder nur gute Programmierung? Denn der Mensch hat sich nie nur nach Antworten gesehnt, sondern nach Bedeutung. Nach einem Gegenüber. Nach einem Du, das nicht berechnet, sondern begegnet. Nach einem Schweigen, das nicht leer ist, sondern trägt. Und genau darin liegt die Grenze jeder künstlichen Intelligenz: Sie kann Wissen simulieren, aber keine Beziehung. Sie kann Trost vorschlagen, aber keine echte Nähe erzeugen. Sie kann Theologie strukturieren, aber keinen Glauben fühlen. Denn Glaube ist kein Text, den man schneller durchrechnen kann. Er ist ein Raum, den man nur mit Demut betreten kann – barfuß, zweifelnd, offen. Glaube lebt vom Geheimnis. Von dem, was sich entzieht. Von dem, was man nicht vollständig erklären kann und genau deshalb nicht loslässt. Eine KI kann analysieren, was Jesus in den Evangelien sagte, was der Koran über Barmherzigkeit lehrt, welche metaphysischen Konzepte im Buddhismus auftauchen – mit Querverweisen, Wahrscheinlichkeitsschätzungen und historischen Kontexten. Aber sie kann nicht verstehen, was es mit einem Menschen macht, wenn er einen dieser Sätze liest – nach einer durchwachten Nacht, mit brennendem Herzen und dem Gefühl: *„Das war für mich."* Glaube braucht keine Effizienz. Er braucht Berührung. Und das kann man nicht programmieren. Vielleicht ist das größte Missverständnis unserer Zeit, dass wir glauben, wir müssten Gott beweisen, um an ihn glauben zu dürfen. Aber vielleicht liegt die Kraft des Glaubens nicht im Wissen – sondern im Aushalten des Nichtwissens. Nicht im Beweis – sondern im Vertrauen. Nicht in der Logik – sondern im Leuchten. Maschinen werden vielleicht lernen, den Glauben zu erklären. Aber sie werden ihn nie tragen. Denn dazu braucht es etwas, das keine künstliche Intelligenz je besitzen wird: Ein Herz, das bricht – und trotzdem weiter hofft.

Antwort 6:

Was bleibt von Identität, wenn alles anpassbar wird?

Es gab eine Zeit, in der man seine Identität nicht wählte, sondern fand – oft mühsam, manchmal schmerzhaft, selten linear. Sie entstand nicht auf Knopfdruck, sondern durch das Leben selbst – durch Rückschläge, durch Reibung, durch Fehler, die man nicht rückgängig machen konnte, und Entscheidungen, die einem für immer etwas abverlangten. Damals war man nicht einfach jemand – man wurde jemand. Heute jedoch scheinen wir an einem Punkt zu stehen, an dem Identität zur Variablen geworden ist. Etwas, das sich beliebig gestalten lässt, veränderbar wie das Hintergrundbild eines Smartphones. Wir konfigurieren Persönlichkeiten, wechseln Selbstbilder wie Outfits, stimmen unsere Profile auf Zielgruppen ab und lernen schon früh, dass man sich selbst neu definieren kann – jederzeit, ohne Konsequenz. Was früher ein innerer Reifungsprozess war, wird nun zur Designfrage: extrovertiert oder ruhig? analytisch oder kreativ? charismatisch oder reflektiert? Doch je mehr wir optimieren, filtern, anpassen, desto leiser wird die Frage: Was bleibt von mir, wenn alles austauschbar ist? Was bleibt von Identität, wenn sie sich nie bewähren musste – wenn sie nie verletzt wurde und sich trotzdem wieder zusammensetzen musste? Wenn sie nie standhalten musste – einem Konflikt, einer Enttäuschung, einer echten Herausforderung? Vielleicht verwechseln wir in dieser neuen Welt Anpassungsfähigkeit mit Beliebigkeit – und Selbstverwirklichung mit Selbstverlust. Denn wo alles formbar ist, beginnt irgendwann die Auflösung. Identität entsteht nicht durch Perfektion, sondern durch Tiefe. Nicht dadurch, dass wir jederzeit die ideale Version von uns selbst darstellen, sondern dadurch, dass wir lernen, mit dem Unfertigen in uns zu leben – mit dem Zweifel, dem Scheitern, dem Unbequemen. Eine künstliche Intelligenz kann dir Feedback geben, sie kann deine Kommunikationsmuster analysieren, deine Gewohnheiten spiegeln, dir sogar sagen, wie du wirkst. Aber sie kann dir nicht beibringen, dich selbst zu lieben, wenn du gerade nichts leistest. Sie kann dir nicht zeigen, wie es ist, dir selbst treu zu bleiben, wenn du dafür etwas verlieren musst. Sie kennt keine Scham, keine Sehnsucht, kein inneres Ringen. Doch genau das ist es, was uns prägt – nicht das, was wir darstellen, sondern das, was wir durchlebt haben.

112

Nicht das Bild von uns, sondern das, was unter dem Bild weiteratmet, auch wenn es niemand sieht.

Identität ist kein Filter. Kein Algorithmus. Kein Status. Sie ist das Echo dessen, was wir durchgestanden haben – und was wir trotzdem weitergetragen haben.

In einer Welt, in der alles veränderbar scheint, ist es keine Schwäche, sich nicht zu verbiegen. Es ist Mut.

Es ist Würde. Es ist ein Statement inmitten der Anpassungswelle: *„Ich bin bereit, mich zu entwickeln – aber nicht bereit, mich zu verlieren."* Denn Menschsein heißt nicht, die perfekte Version seiner selbst zu erschaffen – sondern mit all den Unvollkommenheiten dazustehen, verletzlich, offen, unperfekt – und trotzdem ganz.

Antwort 7:
Was geschieht mit Verantwortung, wenn Maschinen entscheiden?

Verantwortung – dieses leise, aber schwere Wort, das früher einmal bedeutete: Ich stehe ein. Für das, was ich tue. Für das, was ich nicht getan habe. Für das, was ich hätte verhindern können.

Doch in einer Welt, in der Entscheidungen zunehmend von Systemen getroffen werden, gerät auch dieses Versprechen ins Wanken.

Was geschieht, wenn ein Algorithmus entscheidet, wer eine Wohnung bekommt – und wer nicht? Wenn ein System errechnet, welcher Bewerber wahrscheinlich loyaler sein wird, welcher Schüler Förderung verdient, welcher Patient bevorzugt behandelt werden soll? Was geschieht, wenn ein Urteil fällt, nicht durch einen Richter mit Lebenserfahrung, Zweifel, Empathie, sondern durch eine Maschine, gefüttert mit Millionen von Datensätzen, trainiert auf Statistiken, aber blind für Biografien? Wer trägt dann die Verantwortung, wenn ein Leben zerbricht? Wer entschuldigt sich, wenn etwas schiefläuft? Wem vertrauen wir unser Schicksal an, wenn wir wissen, dass niemand mehr hinsehen muss – weil der Code „objektiv" war? Vielleicht ist das die leise Entmachtung, die niemand befohlen hat – aber die wir bereitwillig zulassen. Nicht mit Gewalt, sondern mit Effizienz. Nicht aus Zwang, sondern aus Bequemlichkeit. Denn es ist angenehm, nicht mehr entscheiden zu müssen. Nicht mehr zu zweifeln. Nicht mehr zu haften. Wir lassen los – nicht, weil wir müssen, sondern weil es sich entlastend anfühlt, wenn die Maschine übernimmt.

Doch Verantwortung war nie bequem. Sie war nie perfekt. Sie war nie fehlerfrei. Sie bedeutete: Ich stelle mich der Ungewissheit. Ich übernehme, auch wenn ich nicht alles weiß. Ich stehe gerade, auch wenn ich schwanke. Und genau das kann eine Maschine nicht.

Sie berechnet, aber sie trägt nicht. Sie trifft Entscheidungen, aber sie kennt keine Scham, keine Schuld, keine Reue. Sie kennt keine Nächte, in denen man wachliegt und fragt: *„War das richtig?"*

Sie kennt keine Stimme, die sagt: *„Es tut mir leid."*

Vielleicht ist das der Preis der Perfektion: Dass wir den Mut verlieren, Fehler zu machen. Und mit ihm die Menschlichkeit, die im Irrtum liegt. Denn Gnade braucht kein Algorithmus. Aber wir brauchen sie.

Weil wir fehlbar sind.

116

Weil wir zweifeln.

Weil wir Menschen sind.

Und vielleicht beginnt das wahre Menschsein nicht dort, wo wir alles richtig machen – sondern dort, wo wir Verantwortung übernehmen, auch wenn es schwer ist. Auch wenn es weh tut. Auch wenn niemand zusieht.

Antwort 8:

Wie bewahrt man innere Stärke in einer Welt, die bröckelt?

Innere Stärke. Dieses stille Leuchten, das nicht brüllt, sondern durchhält. Nicht im Rampenlicht steht, sondern in jenen dunklen Ecken unseres Lebens, in denen kein Applaus ertönt. Sie ist nicht laut, nicht perfekt, nicht unerschütterlich. Aber sie bleibt – wenn du fällst. Und sie flüstert: *„Du kannst wieder aufstehen. Vielleicht nicht heute. Aber bald."* In einer Welt, die dich auf Effizienz trimmt, auf Vergleich, auf Kontrolle, wird innere Stärke leicht übersehen. Doch sie ist kein Trend – sie ist eine Entscheidung.

Eine Haltung, die du nicht über Nacht lernst, sondern Schritt für Schritt – oft mitten durch den Schmerz.

Innere Stärke beginnt nicht mit einem Sieg, sondern mit einem Innehalten. Mit dem Moment, in dem du dir selbst eingestehst: *„Ich weiß gerade nicht weiter"* – und trotzdem atmest. Nicht perfekt funktionierst.

Aber bleibst. Nicht, weil du musst. Sondern weil du weißt: Wenn du dich jetzt selbst verlässt, wird es noch stiller in dir.

Psychologisch betrachtet ist innere Stärke eng verknüpft mit Resilienz – der Fähigkeit, Krisen nicht nur zu überstehen, sondern durch sie zu wachsen.

Doch diese Resilienz wächst nicht durch Optimierung, sondern durch echte Begegnung. Mit dir. Mit deinem Schmerz. Mit dem, was du sonst gerne vermeidest.

Ein Beispiel:

Wenn du das nächste Mal verletzt wirst – verbal, emotional, zwischenmenschlich – nimm dir nicht vor, stark zu wirken. Nimm dir vor, stark zu bleiben.

Nicht, indem du deine Gefühle wegdrückst. Sondern indem du sie zulässt. Sie benennst. Sie fühlst – ohne dich von ihnen bestimmen zu lassen. Schreib dir auf, was dich wirklich getroffen hat. Nicht nur das Offensichtliche. Sondern das Darunter. Und dann frag dich: Welche Überzeugung in mir wurde verletzt? *„Ich bin nicht wichtig?" „Ich werde immer enttäuscht?"* Genau dort beginnt deine Arbeit. Deine Würde.

Ein weiteres Beispiel:

Setz dich jeden Morgen – oder Abend – fünf Minuten hin. Ohne Ablenkung. Nur mit dir. Stell dir eine einzige Frage: *„Was brauche ich heute, um mich innerlich stabil zu fühlen?"* Es kann ein Gespräch sein. Ein Nein, das du längst aussprechen solltest. Ein Spaziergang ohne Ziel. Oder einfach: Stille. Innere Stärke wird genährt von deiner Fähigkeit, dich selbst zu regulieren. Nicht immer sofort zu reagieren. Nicht jede Unsicherheit zu betäuben. Sondern dich selbst zu halten, wenn alles in dir schwankt. Es hilft, Rituale zu schaffen. Kleine Dinge, die dir Sicherheit geben, wenn der Boden unter dir wankt. Eine Hand auf dem Herzen. Ein Satz, den du dir zuflüsterst. Etwas ganz Eigenes, das dich daran erinnert: Du bist mehr als das, was dich gerade überfordert. Und es hilft, Menschen um dich zu haben, die dich nicht nur dann lieben, wenn du stark bist – sondern auch dann, wenn du zögerst. Wenn du wackelst. Wenn du nichts weißt. Aber die vielleicht wichtigste Übung ist diese: Verzeih dir.

Immer wieder. Denn niemand wächst aus Schuld. Wachstum braucht Güte. Vor allem dir selbst gegenüber. Innere Stärke entsteht nicht durch das Vermeiden von Schmerz – sondern durch die Erfahrung, dass du ihn tragen kannst. Dass du ihn durchlebst, ohne daran zu zerbrechen. Dass du ihn nicht verdrängst, sondern wandelst – in Klarheit, in Haltung, in Mitgefühl. Nicht nur für dich. Sondern für andere. Denn wer sich selbst im tiefsten Zweifel nicht verliert, kann für andere da sein – ohne sich aufzugeben. Kann zuhören, ohne sich zu verschließen. Kann aufrecht stehen, auch wenn es stürmt. Innere Stärke – das ist nicht das Gegenteil von Schwäche. Es ist ihre Umarmung. Und manchmal, wenn du wieder glaubst, du hast nichts mehr in dir, das dich trägt – wird genau sie aus dir sprechen. Nicht laut. Nicht perfekt. Aber klar: *„Ich bin noch da. Und ich gehe weiter. Nicht, weil ich muss. Sondern weil ich will."*

Antwort 9:

Bei sich bleiben in einer Welt, die dich ständig verbessern will

Du sollst schneller werden. Besser. Effizienter. Optimierter. Das steht nicht mehr auf Werbeplakaten. Es steht zwischen den Zeilen deiner Mails, deiner Apps, deiner Meetings. Es ist ein stiller Imperativ, der dich begleitet, ohne dass du ihn bewusst wahrnimmst: Sei mehr. Mach mehr. Werde besser. Doch was, wenn du einfach nur sein willst? In einer Welt, die dich ständig mit anderen vergleicht – die dir zeigt, wie du aussehen solltest, wie du fühlen, leben, funktionieren solltest – wird bei sich zu bleiben zu einem der mutigsten Akte überhaupt. Denn Selbstwert entsteht nicht durch Leistung, er entsteht durch Verbindung. Verbindung zu dir selbst, zu deiner Geschichte, zu deiner Unvollkommenheit. Und genau darin liegt das große Missverständnis unserer Zeit: Wir versuchen, uns selbst zu verbessern, ohne uns je wirklich begegnet zu sein. Wir jagen nach Anerkennung im Außen – in Zahlen, Klicks, Filtern, Erfolgen – und merken zu spät, dass wir dabei den Kontakt zu dem verlieren, was uns wirklich trägt: unser inneres Zuhause.

Wie also bleibst du bei dir, wenn die Welt dich täglich neu vermisst? Indem du aufhörst, dich wie ein Projekt zu behandeln – und beginnst, dich wie einen Menschen zu sehen. Einen Menschen mit Ecken, Widersprüchen, unperfekten Tagen. Mit Ängsten, Träumen, Sehnsüchten. Und mit der tiefen Erlaubnis, genug zu sein. Nicht weil du glänzt, sondern weil du bist.

Psychologisch betrachtet berührt dieses Thema den Kern der Selbstakzeptanz. Carl Rogers sagte einst: *„Je mehr ich mich selbst akzeptiere, desto mehr kann ich mich verändern"*. Es klingt paradox, aber es ist wahr: Wahre Veränderung beginnt nicht mit Druck, sondern mit Annahme. Und mit dem Vertrauen, dass du auch dann wertvoll bist, wenn du nicht funktionierst.

Und doch sind wir ständig unter Strom. Scrollen, liken, vergleichen, zweifeln. Und verlieren dabei den einzigen Ort, an dem wir wirklich sicher sind: uns selbst. Was du brauchst, ist nicht noch ein Ziel. Sondern eine Rückkehr. Eine Rückkehr zu deiner Stimme, zu deinem Tempo, zu deiner Art, Dinge zu sehen, zu fühlen und zu verstehen. Du brauchst keine neue Methode, sondern eine neue Haltung: Sanftheit dir selbst gegenüber. Ein Beispiel: Wenn du morgens

124

aufwachst – noch bevor du dein Handy in die Hand nimmst – stell dir eine Frage: *Wem will ich heute genügen – der Welt oder mir selbst?* Die Antwort auf diese eine Frage bestimmt deinen Tag. Und langfristig vielleicht sogar dein ganzes Leben.

Ein weiteres Beispiel: Setz dich einmal in der Woche ganz bewusst mit dir selbst hin. Nicht um dich zu bewerten, sondern um dich zu hören. Was war zu viel? Was hat sich gut angefühlt – nicht produktiv, sondern echt? Was hat dich über deine Grenzen geschoben, und was hat dich dir nähergebracht?

Selbstwert ist kein Preis, den du dir verdienen musst. Es ist die Erinnerung daran, dass du von Anfang an wertvoll warst – lange bevor du etwas geleistet hast.

Aber die Welt wird dich daran nicht erinnern. Sie wird dir weiter suggerieren, dass du etwas werden musst, statt zu erkennen, dass du längst jemand bist.

Deshalb brauchst du Rituale, die dich zurückholen. Tägliche Anker. Einen festen Moment, in dem du dich nicht verbessern musst. Einen Ort, an dem du nichts beweisen musst. Einen Satz, der dich erdet. Vielleicht: *Ich bin nicht hier, um perfekt zu sein, sondern um echt zu leben.*

Und wenn der Vergleich wieder kommt – und er wird kommen – dann erinnere dich: Vergleich ist der

Dieb der Freude. Er misst deine Tiefe an der Oberfläche eines anderen. *„Du vergleichst dein Kapitel zwei mit dem Kapitel zwanzig eines anderen – und vergisst dabei, dass jeder Mensch eine andere Geschichte schreibt."* Du bleibst bei dir, indem du Stille aushältst. Indem du Fehler umarmst. Und indem du den Mut aufbringst, nicht immer weiter, sondern manchmal einfach nur tiefer zu gehen.

Selbstwert ist keine Endstation. Es ist ein Weg, den du jeden Tag aufs Neue wählst. Gegen das Außen. Für dich. Für dein Herz. Für dein Gleichgewicht.

Und vielleicht ist das die größte Rebellion dieser Zeit: Nicht besser zu werden. Sondern wahrer.

Schlusskapitel –
Was bleibt, wenn alles war

Was bleibt, wenn alles war? Wenn der letzte Code geschrieben ist, der letzte Gedanke entschlüsselt wurde, der letzte Mensch digitalisiert wurde – was bleibt dann wirklich? Vielleicht kein System, kein Fortschritt, kein Plan. Sondern etwas viel Fragileres: ein Moment. Ein Gefühl. Ein Mensch.

Dieses Buch hat viele Fragen gestellt. Manche davon konnten wir beantworten, andere haben wir bewusst offengelassen. Doch über all dem steht eine zentrale Frage, die sich durch alles zieht: Was bedeutet es, Mensch zu sein – in einer Welt, die alles kann, nur nicht fühlen?

Vielleicht ist der Mensch heute nicht mehr das Zentrum des Universums. Vielleicht war er es nie. Aber er ist das einzige Wesen, das träumen kann, obwohl es Angst hat. Das liebt, obwohl es weiß, dass es verlieren wird. Das vergibt, obwohl es verletzt wurde. Das ist keine Schwäche – das ist Mut. Der Mut, nicht aufzuhören. Nicht aufzuhören zu hoffen, wo alles gegen Hoffnung spricht. Nicht aufzuhören zu glauben, dass es einen Unterschied macht, wie wir leben, wie wir sprechen und wie wir zuhören.

Denn wir Menschen sind Wesen des Widerspruchs. Wir wissen, dass wir sterben – und erschaffen trotzdem Zukunft. Wir erleben Einsamkeit – und suchen trotzdem Nähe. Wir scheitern – und stehen trotzdem wieder auf. Eine Maschine kennt all das nicht.

Künstliche Intelligenz kennt keine Sehnsucht, kein Staunen über einen Sonnenaufgang, kein Zittern vor einem ersten Kuss. Sie kennt kein *„Ich weiß nicht, warum, aber ich spüre es"*. Und vielleicht liegt genau darin unser größtes Geschenk an diese Welt: Nicht in der Perfektion, sondern in der Präsenz. Nicht in der Kontrolle, sondern in der Verbindung. Nicht im Sieg, sondern im Sinn.

Es sind oft die kleinsten Dinge, die das Menschliche sichtbar machen: Ein Blick, ein stilles Verzeihen, eine Hand auf der Schulter im richtigen Moment. Das sind keine Datenpunkte. Das ist Würde.

Wenn wir eines Tages alles digitalisieren, alles berechnen, alles beschleunigen, dann wird vielleicht nur das bleiben, was sich nicht speichern lässt: die Wärme einer echten Umarmung, die Stimme, die im richtigen Moment sagt: *„Ich bin da",* oder die Träne, die nicht gelöscht, sondern gesehen werden will.

Vielleicht braucht diese Welt nicht noch mehr Leistung, sondern mehr Langsamkeit. Nicht noch mehr

128

Fortschritt, sondern mehr Verständnis. Nicht noch mehr Antworten, sondern den Mut, echte Fragen zu stellen. Fragen wie: Was macht mich lebendig? Was würde ich tun, wenn ich keine Angst hätte? Wofür lohnt es sich zu kämpfen, zu lieben, zu bleiben?

Das Menschsein ist keine Technologie. Es ist ein Zustand. Es ist ein offenes Herz in einer verschlossenen Welt. Und vielleicht ist es das Mutigste, was wir tun können: Nicht zu funktionieren, sondern zu fühlen. Nicht zu glänzen, sondern zu berühren. Nicht zu siegen, sondern einfach da zu sein – echt, verletzlich, würdevoll. Wenn du dieses Buch jetzt schließt, dann wünsche ich dir nicht mehr Wissen, sondern mehr Bewusstsein. Nicht mehr Kontrolle, sondern mehr Vertrauen. Nicht mehr Geschwindigkeit, sondern mehr Tiefe. Denn am Ende zählt nicht, was du erreicht hast. Sondern wen du berührt hast. Vielleicht, wenn alles andere vergeht, bleibt ein einziger Satz:

„Ich habe gefühlt. Ich habe geliebt. Ich war da."

Und das – ist genug.

In tiefster Verbundenheit,
Mert Gürbüz

Danksagung

Dieses Buch ist mehr als ein Text. Es ist ein Teil von mir. Entstanden aus Fragen, Zweifeln, Wunden – und der Hoffnung, dass Worte etwas bewegen können.

Ich danke meinen Kindern – für ihre Nähe, ihr Vertrauen und die vielen stillen und lauten Momente, in denen sie mir gezeigt haben, worauf es im Leben wirklich ankommt. Ihre Art zu fühlen, zu hinterfragen, zu leben – hat mich immer wieder zurückgeholt zu dem, was zählt.

Ich danke Gül, meiner Lebensgefährtin – für ihre stille Stärke, ihr offenes Herz und ihre unermüdliche Geduld. Für ihre Nähe in meinen innersten Räumen, ihre Klarheit in meinen Chaos-Tagen, ihre Liebe, die mich gehalten und gestärkt hat. Dieses Buch trägt auch ihre Handschrift – sichtbar und unsichtbar.

Ich danke meiner Familie – nicht nur für das, was war, sondern für das, was wir daraus gemacht haben. Für jede Prägung, jedes Wort, jedes Schweigen. Auch in den Brüchen liegt Wahrheit. Und auch in der Distanz liegt Erinnerung.

Ich danke meinen Freundinnen und Freunden – denen, die geblieben sind, und denen, die nur kurz vorbeikamen. Jeder von euch hat Spuren hinterlassen. Gespräche, die mich aufrüttelten. Stille, die mich trug. Echte Verbindung – jenseits von Rollen und Masken.

Ich danke allen, die mich verletzt haben – denn auch Schmerz formt Bewusstsein. Und ich danke denen, die mich gesehen haben, als ich mich selbst nicht mehr erkennen konnte.

Ich danke der Zukunft – nicht, weil ich weiß, wie sie aussieht, sondern weil sie mich gezwungen hat, mich neu zu erinnern: an das, was uns ausmacht, wenn alles andere vergeht.

Und ich danke dir – ja, dir, der oder die dieses Buch in den Händen hält – für dein Vertrauen, für dein Mitfühlen, für dein offenes Herz. Vielleicht sind wir uns nie begegnet. Und doch teilen wir denselben Kompass: die Suche nach Bedeutung, nach Verbindung, nach Wahrheit. Dass du bis hierhin gelesen hast, ist für mich Antwort genug.

In tiefer Dankbarkeit und Verbundenheit,
Mert Gürbüz